李後主事件簿

蔡詩萍 著

他死一次，活了千年

自序

我寫了《李後主事件簿》，想說文字總能穿透時代，穿透靈魂

西元九七八年，八月十五日，李煜，一個四十二歲的男人，「死得很難看」。但千年來，他卻「活得很風雅」。

他死的時候，正是大宋王朝，即將展開北宋的輝煌年代，太平興國三年，皇帝是宋太宗趙光義，宋朝開國之君宋太祖趙匡胤的弟弟。

他與哥哥一起打天下，霸氣不在話下。

是他，叫人給李煜送去了牽機藥，十足致命的毒藥，那是古代皇權至高無上的權威象徵，「君要臣死，臣不能不死」。

李煜，本非宋朝臣民，但他自己的國家南唐，被宋朝消滅了，他是南唐第三位皇帝，也是最後一位，史稱後主。於是，李煜亦稱李後主。

淪爲俘虜的他，階下囚的際遇，跪在地上，言必稱大宋，嘴必呼吾皇萬歲萬萬歲，他從一國之君，淪爲另一國的俘虜，地位要比大宋開國立朝的功臣們矮太多了！

宋朝開國兩位皇帝，「以文立國」，締造了日本學者內藤湖南稱之爲「近世文明」起端的成就，「杯酒釋兵權」不殺武將，卻沒放過「手無縛雞之力」的，只會舞文弄墨的李後主，爲何?!

李後主吃下牽機毒，那是非常痛苦的毒藥，不會立卽斃命，卻能在拖延長達十數小時的過程裡，讓中毒者首尾相接，狀如牽機，所以我說「死得很難看」！

在知道自己必死無疑的時間裡，在那掙扎的痛苦中，他說過什麼，想過什麼呢？

我們無從得知，文獻無徵。

但知，不多久之後，小周后亦傷心而逝。

人在屋簷下，有不得不的苦楚。

在皇權偵刺的年代，李後主身邊的人，也肯定不敢說出他們聽到的遺言。

還好李後主留下他的詞，千秋萬世之後，我們從他的詞，推想他的人，他的故事，於是，編譜出「關於李後主的種種傳說」。但，如果沒有那爲數不到四十首的詞，「李後主的傳奇」又會跟其他末代皇帝，有什麼「特殊的」差異呢？

我們後世文青，多半是因爲李後主的「詞吸效應」才知道李後主，知道關於他的帝王時代的無所作爲，宮闈之間的繾綣豔情，以及淪落爲俘虜後的人生巨痛。而這些起落幅度，差距那般巨大的過程，又都透過他的詞，一一傾訴給讀他詞的，每一代的讀者。

某種程度上來說，他是透過他的詞，在向千秋萬代之後的人陳訴他的痛苦，他的懊惱，他的悲泣。當然，也不經意地展示了，在詞即將要蔚爲「宋詞」的輝煌年代裡，他，李後主，站在世紀大門口揮灑的角色。

如果，沒有詞。如果，李後主不寫詞。如果，李後主的詞很一般般。歷史上，李後主不過是一位亡國之君，不過是一位治國無方的蠢皇帝，我們根本不會記住他。我沒說錯，你幹嘛要記住東吳的孫皓，記住南朝裡的陳後主，記住隋煬帝呢？這些都還算知名的亡國之君，至於其他的，很多王朝的末代皇帝，你根本講不出幾個名字，對吧！

如果，沒有詞，沒有那些你朗朗上口的詞，李後主根本沒有意義。

我對李後主感興趣，很久了。

高中時，除了大量貪讀「新潮文庫」的翻譯書籍外，沒事也喜歡翻翻詩詞古文。那年代，會背誦幾首唐詩、宋詞，在文青群裡還是滿酷的炫耀。我眞是沒事，就背幾首唐詩，記幾闋宋詞，圈點幾篇《古文觀止》。

我喜歡讀讀古文、古詩詞，壓根沒有想去念中文系之類的念頭，單純就是喜歡，總感覺在那些精煉的文字背後，隱藏了一些奧祕國度，順著這些文字小徑，值得探幽。

唐詩，宋詞，元曲，古散文用的辭藻與我們白話文世代相去甚遠，但靈魂觸及到的感時憂懷，以及個別文人那種獨特、細膩、敏銳的氣質，依舊能吸引我邊讀邊遙想幾百年、上千年前，寫這些文字的人，竟然跟我一樣，都有那麼些相近的感受，或很廢的情緒！單憑這樣的古今連結的微妙感，我就覺得超酷的。

隨著年紀愈長，讀書的範圍不斷拉大，對昔日所知道的李後主，所熟悉的李後主詞，多了不少自己人生閱歷的理解，我也就愈發，對這位落難的「皇帝詞人」，感到要爲他寫一本書的衝動了。

多年來，我雖然念的是政治、社會的理論，做的是媒體評論的工作，但古典文學卻一直是我關切的領域之一，百讀不厭。

讀著，讀著，也拜臉書寫作的方便，我竟然就把讀《紅樓夢》、《金瓶梅》、《聊齋誌異》、《西遊記》，甚至張愛玲的小說散文等心得，化成一篇篇的臉書文，陸續竟也完整的成書了！

如果說，我這位「花甲美魔男」走到青春已逝，滿臉風霜的年歲時，還能有些什麼讓自己感覺小小驕傲的，那恐怕莫過於我不斷電的讀書，不斷電的思索，不斷電的寫作吧！

我交出來的這本《李後主事件簿》，讓我回想了高中時，迷戀李後主詞的「為賦新詞強說愁」的青澀年代，也讓我想到了，我收藏在書櫃裡多達數十本的李後主詞的資料與史料，當然更讓我回想了讀李後主詞時，由於我自己的成長與蛻變，因而更能寬闊理解他生命處境的種種思維。

這書能成形，何嘗不也是我自己人生歷程的一段見證呢？

人生，總是要知道自己可以做些什麼，自己可以完成些什麼，自己可以追求些什麼吧，或許，那就叫「自己的初衷」，「自己的完成」吧！

我還會繼續寫下去的，一則，繼續我的廣泛讀書的心得筆記，類似《紅樓心機》、《金瓶本色》、《也許你該看看張愛玲》，以及這本《李後主事件簿》；另則，繼續探索日常世界的人我關係，類似《回不去了，然而有一種愛》、《我該怎麼對妳說 日常即永恆》、《與世界一起散步》、《我父親》等等。

我寫故我在，我在故我寫。

存在的焦慮，唯有透過存在的書寫，方能化解平撫，而後，仰望日月，覺得安適。

西元九七八年，李後主淒慘的死了。

西元二〇二二年，我爲他寫下《李後主事件簿》。讓他繼續活在二十一世紀。

目次

1

世事漫隨流水。還好他屈辱他寫作

妳問我，在看什麼？

我揚揚手裡的書，《南唐二主詞》。

妳靠過來，把書搶過去，「幹嘛突然看這本？」

「書怎麼看起來舊舊的？」

是啊，買來擱在那，有些時光了。

爲什麼突然想讀呢？

也沒什麼理由。華人世界，讀過一點點國學文本的，多少都知道些李後主的詞，不是嗎？像沉澱於血液裡的祖先基因，時不時會在日常潛水的某些角落裡，悄悄地浮上來，召喚你。誰，不能隨口吐出一兩句，李後主動人的詞句呢？

就如我剛才，想著不久前，參加一位老友的追思會，讓我把人生的浮標，回溯到自己二十五、六歲的年歲上。那時，一群朋友沒錢沒前途，卻莫名其妙的意氣風發。而後，走著，走著，邊走，邊唱青春的歌，編中年的曲，竟然也到了驚聞老友告別人生的門檻上了！

怎麼不驚心，怎麼不動魄呢？

「世事漫隨流水，算來一夢浮生。」

我望著落地窗外，不遠的市塵，遠遠的青山，很自然的，腦海中跳出這兩句。

啊～啊～原來是李後主的詞呢！

於是，我去書櫃裡，翻出這本封面白底黑字的《南唐二主詞》，坐在客廳沙發上，隨手翻撥起來。

妳搖搖頭，「欸，老文青，沒辦法。」妳笑盈盈地走了出去。

我也笑了笑。

沒辦法。讀書習慣也像植入晶片一樣呢，年少時期啓動的閱讀晶片，日深月累，如藤蔓攀樹而上，樹愈老，長愈高，蔓藤也沿著樹體攀得愈緊愈密了。

人生在世，誰沒有糾葛，誰不曾揪心呢？

但，我來不及告訴妳，爲何我會突然心中懸念這首詞的片段。

答案，竟正好是妳說的，欸，老文青嘛！

老文青，才懂得一千多年前，李後主在心情抑鬱下，寫出的這闋詞吧。

那時，他當然不叫「李後主」，而是，非常屈辱的，當著宋朝的大臣，自己南唐的舊臣面前，跪接倨傲的宋朝皇帝太祖趙匡胤的御旨，封他爲「右千牛衛上將軍、違命侯」。

怎麼看，怎麼辯解，這封號都不能替李後主冠上是崇隆榮耀吧？而且，他也曾是一國之君啊，如今，竟然被另一個大國皇帝，封他一個「違命侯」?!違誰的命？違大宋的命，違自己祖宗的命？

但，他能怎樣呢？

他早該以死謝罪於祖宗的，不是嗎？

當城被圍時。

當城破時。

他早該以死來明志，以死來殉國，來抗拒屈辱的，不是嗎？

當他要被押送至大宋的首都時，沿路他都有機會，一死以謝國人。

但，他並沒有。

他被大軍押送，一行四十五人，離開故國，漫漫行程，往北走。

他若積極尋死，途中未必沒有罅隙可趁。但，他還是到了大宋的國都汴京。

他穿白衣，戴紗帽，在「明德樓」下，正式稱臣受封，展開了他兩年多的「帝王俘虜」生涯。

他沒有積極尋死這件事，當然讓他人生的最後兩年，倍極屈辱。可是，也竟然就是這兩年，他在寄人籬下，任由宋朝皇帝侮辱的淒苦日子裡，他一字一淚的，塡出了中華詞史上，驚心動魄，感人肺腑的一章！

他若眞的殉國了，他若眞的在沿途自盡了，李後主就不過是爲數不少的，「末代帝王」、「亡國之君」名單中的一員，聊備一格而已。
不是研究歷史的人，不會注意到他。
他沒有以死明志。
他承受了奇恥大辱。
他以淚洗面，以詞為宣洩，他成了「詞中帝王」，名耀文學史。
但，他生前未必洞悉這一切。
他繼續苟且偷生著。
他繼續填詞。

昨夜風兼雨，簾幃颯颯秋聲。燭殘漏滴頻欹枕，起坐不能平。
世事漫隨流水，算來一夢浮生。醉鄉路穩宜頻到，此外不堪行。

這闋〈烏夜啼〉，多感人啊～
一夜風雨飄搖，坐在那久不成眠。

睡不著，起身，坐著。坐累了，躺下，卻唉聲嘆氣，睡不著。光陰在蠟燭燃燒中，在計時的漏滴中，一點一點的，一點一滴的消逝著。

想著往事如煙，如流水，恍如一夢。但明明又哪裡是夢呢？醒來的現實更殘酷，不如喝酒。不如喝酒。

寫這首詞時，李後主的心，鐵定痛極了！那痛，是能摧毀人格，摧毀靈魂的痛。但他不知道的是，「世事漫隨流水，算來一夢浮生。」一直到千年之後，這些句子，還在穿透一個世代又一個世代的老文青的靈魂。還在繼續感動這個世界上，靈魂有傷痕的每一位男女。

妳說，李後主不偉大嗎？

他偉大到，令人心疼，令人久久不能自已，因爲他見證的，是文字的偉大，是文學意義的偉大。在政治的現實裡，這偉大卻常常被踐踏，被藐視。

2

問君能有幾多愁。他鑲嵌的文字直扣人心

為何千百年後我們每一顆受傷的靈魂，仍願隨著李後主的詞，詞裡的意境，詞句的節奏，而輕輕地擺盪，輕輕地被療癒呢？

大概是，李後主「生於深宮之內，長於婦人之手」，卻承受了命運最暴烈的撞擊。從帝王，淪為階下囚，備受屈辱吧。

他用文字，發抒了幽怨。由於天賦的異稟，這些文字，兀自有了頻率，始終能穿透時代，讓每顆有傷痕的靈魂，都能對他頻頻點頭，了然於心。

歷史上的亡國之君，處境比李後主更慘的，比比皆是。

宋朝重文輕武，宋太祖「杯酒釋兵權」，讓他享有「仁君」美名，免掉了不少皇帝誅殺

開國元勛的暴戾之氣。繼承他大位的弟弟趙光義，「兄終弟及」，亦標榜文人治國，也不至於非要置李後主於死地不可。

李後主如果戒愼恐懼，甘心俯首稱臣，未必不能安然在大宋的國都裡，度過餘生。麻煩就麻煩在，李後主「太文青性格」了。

他如果像三國時期蜀漢的皇二代劉禪，安於現實，「樂不思蜀」，生命線理當不會停留在四十二歲上。然而，劉禪除了留下「扶不起的阿斗」名號外，還剩什麼？歷史提到他，還有什麼可資深掘的餘地嗎？

中唐詩人劉禹錫的《蜀先主廟》，最能代表這樣的感嘆：「得相能開國，生兒不象賢。凄涼蜀故妓，來舞魏宮前。」

蜀漢故伎，舞於魏宮，換來的卻是故主劉禪的樂不思蜀，除了感傷，還能怎樣？

李後主不然。

他本身的心思，留在詞句裡，纏綿悱惻，凄涼糾結，激盪了後人更多的漣漪。而他的文青風格，千餘年來，被不斷閱讀，被不斷按讚。

李後主詞，甚至被民國初年一代宗師王國維，評價為「儼有釋迦、基督擔荷人類罪惡之意」。

啊不過是，一些些文字，依照詞牌的規格，把適當韻腳的字，一一塡寫進去，而且篇幅並不長，也就那麼些首，竟然就可以被推高到，宛如釋迦牟尼佛，宛如耶穌基督的宗教精神！

這評價，卽便不免過譽，但至少表明了，文字創作的意境，是有著極為寬闊之能量的。而千百年來，世人之所以一讀再讀李後主詞，早就不在意他是個不稱職的帝王，是個亡國之君了。

文字創作的地位，竟然可以超出世俗評價如此之高，怎麼不令人讚歎！

但我們文青的讚歎，對身為皇帝的執政者宋太宗，則可能嗅出某些「文字不服從」的味道，而深深引以為憂了。

宋太宗怕什麼呢？

我們來看看，那首〈虞美人〉吧。

我閉上眼，都可以背誦了。

春花秋葉何時了？往事知多少。小樓昨夜又東風，故國不堪回首月明中！

雕闌玉砌依然在，只是朱顏改。問君能有幾多愁？恰似一江春水向東流。

「樂不思蜀」的後主劉禪，若聽到這闋詞，妳覺得他會由衷感觸，潸然淚下嗎？

我想，肯定不會。

他不就是在曹魏的都城洛陽，大將軍司馬昭刻意安排的一場蜀樂演出中，當舉坐蜀漢舊臣都忍不住落淚時，他才說出那句傳世金句：「樂不思蜀」嗎？

妳可以說他傻人傻福，通過了司馬昭的「通關檢測」，但從人格特質來看，「阿斗」本來就不是聰慧敏感之人，他不必裝，他就是「傻人」於是「有傻福」啊！

但，李後主，怎麼可能「無感」呢？往事歷歷，要忘也忘不了，只好喝酒麻痹。但偏偏起了東風，故國景致，一一浮上心頭。景色依舊，人事全非。

妳能承受多少這樣的時空變遷，人事更迭，而我們已不再是「從前的我們」那般沁骨的傷痛呢？

聽在宋太宗耳裡，你還「故國」，你還「幾多愁」，你還要「春水向東流」哩，你去死吧！

但我們懂文學的，沒有掌權者一切以權力的思維做考量，於是乎，我們便更懂王國維的意思了。

李後主原意是透過詞句，舒展他眉宇之間的積鬱，誰知，填詞一離手，抑揚頓挫之間，意境便情挑了千萬「傷心人」的靈魂。我們不管怎麼痛，都彷彿在李後主鑲嵌的字句中，輕輕被撫慰了。

他不是宗教領袖，他只是亡國之君、階下之囚，但他的詞，是在靈魂的黑白琴鍵上，直扣人心的撞擊。

故國，不堪，回首，月明中。

恰似，一江，春水，向東流。

字字，敲在靈魂上。
句句，敲在歷史上。

3

夜長人奈何。他的詞句盪漾著音樂

李後主的詞，是靈魂的黑白鍵上，直扣人心的撞擊。寫詩填詞的人很多，卻不是每個人，都有這能耐的。我是指，敲擊你靈魂，韻律你思緒的。

詩詞要直擊人心，用字遣詞一定要精準無比。不落俗套，或者落了俗但能翻新，亦可。詞，跟詩不同。

詞，是用來搭配曲子，如同歌詞，要放進音樂的套路。我們現在所理解的歌詞，雖有押韻的要求，但基本上作詞人相當自由。

填詞，則恰恰相反，極不自由。

每一闋詞，都依照詞牌，在一定的規格下進行。例如，〈虞美人〉原本是曲調，爲了能讓人隨曲而唱，就需要歌詞。於是〈虞美人〉便成了一首詞牌。任何人想寫歌詞都可以，但必須依照〈虞美人〉的規格公式，塡進適當的字。於是，宋朝詞人大概每個都寫過〈虞美人〉，卽便李後主也不只一首〈虞美人〉。

問題來了，既然這麼多人寫，而且是在一套架構下你寫我寫他寫，前人寫今人也寫，寫到最後，會不會抄襲？會不會模仿？會不會詞窮？

我告訴妳，還眞會。

這也是宋詞之後，明代、淸代，詞人難爲的困境。每個詞牌，都被寫爛了啊！

我手上一套《全宋詞》，民國唐圭璋編著，共收錄了宋代詞人一千三百三十家，詞作兩萬一千一百一十六首。

想想看，同一闋詞，有多少名家寫過？

後代詞人想出頭天，多難啊。那些前代名家在同一詞牌下，塡過的詞，宛如大山，你要一一克服、超越，談何容易啊！反過來講，卽便你是開山祖師，但在後代名家紛紛加入戰局後，你寫的詞，能否留下？能否不湮滅於浩瀚的詞海中，說眞的，又哪裡容易呢？

李後主的詞，包括眞僞有爭議的，不過三十來首。眞是不多，卻含金量超高，幾乎每首都大有名氣。尤其是他在汴京當宋朝皇帝的俘虜那兩年多，寫出來的詞，首首皆膾炙人口，奠定了他無可取代的詞界地位。

這是不公平的。有人就是有文字出奇的天賦敏銳度。

李後主的詞好，天賦應是先決條件。但文字敏銳度高，也要學習，亦須磨煉。

李後主的父親，南唐中主李璟，本身是一位優秀的詞家，且致力收藏圖書、字畫，主政時期，大量接納北方文人南來避亂。在南唐疆土上，構築出一塊北方中原之外，兵荒馬亂的世外桃源。李後主在這環境下長大，耳濡目染，勤奮好學，替他自己打下了很紮實的文字根基。

而且，我們不該漏掉的是，李後主精通音律。就是他很懂音樂，能演奏樂器的意思。他的元配周后，也擅長音律，又國色天香，跟李後主是非常速配的琴瑟和鳴。

這項音樂專長，對治國，對挽救國勢頹唐，一點幫助也沒有。但，對塡詞，助益極大。

我們之所以讀李後主的詞有感，除了被他用字遣詞的高明所撼動外，往往也是不知不覺，被他行雲流水一般的文字裡，流蕩的音樂性所吸引。

妳坐下來，我隨意挑一首，念給妳聽聽。

我選〈長相思〉吧！

妳且閉目，且傾聽。

上闋：「雲一緺，玉一梭，澹澹衫兒薄薄羅，輕顰雙黛螺。」

先不急著問他講什麼，光是聽我念，是不是就有一種音樂的，流動的韻律感？

再來。

下闋：「秋風多，雨相和，簾外芭蕉三兩窠，夜長人奈何！」

是不是節奏感十足？聽完，閉上眼，餘音仍在，嫋嫋，不去。

整首詞，不過是相思泛濫，春情盪漾，思春寂寥的宣洩啊。但運用客觀環境的白描，以大自然的變化，來襯托心底按捺不住的，對伊人的思念。

想念妳啊，想念妳盤起來堆卷的濃密黑髮；想念妳啊，想念妳插在髮上的玉簪子。想念妳啊，想念妳薄薄的衣衫，想念妳微微的蹙眉。

但無奈啊～無奈！秋風颳起，秋雨綿綿，我只能望著窗外被秋風秋雨吹打的芭蕉，嘆息著，嘆氣著，夜～夜怎麼這麼長，我～我怎麼這麼清醒呢！

李後主在千百年前便示範了，漢字是有線條的有感情的。線條之美，在字的形體；感情之美，在字裡傳遞的意境；但感情之美，還不僅於此，還有字的音聲，以及字與字在堆疊時，發出的節奏感。單字與單字，堆疊起來，三個字，五個字，七個字，每句都疊出韻律感。

懂了這，妳也就明白了，情眞意切，千言萬語，無非要靠文字來表白。

像我年輕時，寫給妳的詩。

來，閉上眼，再聽我念一遍吧：

「秋風多，雨相和，簾外芭蕉三兩窠，夜長人奈何！」

秋天未必寂寥。

秋雨未必蕭瑟。
但，妳不在我身邊，我便寂寥且蕭瑟。
時光靜靜的流淌。
睡不著，睡不著，誰來入夢呢？

4

花月正春風。他卻在夢與醒的邊緣掙扎

妳問，李後主以淚洗面，睡不著時，誰會來入夢呢？

人在汴京，當皇帝俘虜的李後主，確實是經常輾轉反側，難以成眠的。

他有太多的懊惱與悔恨。

懊惱，難以入眠；悔恨，逼人清醒。

睡不著時，他會想起往昔，人在南唐時，宋太祖放話給他的威脅嗎？

「朕臥榻之側，豈容他人鼾睡！」

雄才大略的宋太祖，是不是也曾爲了覬覦國境之南，還有南唐這麼塊千里豐腴之地，未收入版圖，而長思夢想呢？

唯有李後主知道，從卽位起，他便膽戰心驚，多年未能睡上一個好覺了。夜半時刻，他總要在宋朝大軍突然兵臨城下的噩夢中，驚醒。

他還不夠恭順嗎？他從父親中主李璟手中接下皇位後，卻從來不敢「稱帝稱皇」啊！

這是一個噩夢。這眞眞是一個噩夢。

他到汴京後不到一年，宋朝已經換了一位天子了。

他在「明德樓」跪降的太祖驟逝，跟太祖一塊打天下的弟弟趙光義，「兄終弟及」，當了皇帝，他繼續跪拜宋太宗，以朝臣自居。

他雖然是俘虜，但宮廷傳聞，「燭光斧影」的權力鬥爭，他未必沒有聽聞一二。如果，眞如傳聞，那，那坐上天子寶座的弟弟，會對他更爲友善嗎？還是……啊，不敢想，眞是一場噩夢啊！

太宗改了年號，「太平興國」，但對李後主這位失去江山的國主來說，噩夢繼續，心思一點也不太平，也不敢太平。

他繼續難以入睡。

從他的詞，推敲他的俘虜生涯，失眠，醉倒，唉聲嘆氣，仰頭望向天際，默默不語，徘徊邸內，猶如籠中鳥，當是日常生活的標準樣態。當然，還要加上不時以淚洗面。這樣的抑鬱寡歡，說真的，即便宋太宗不鴆毒他，他也不會太長命的。

他常常睡不著。

到底是睡得著好，還是睡不著，對傷心人比較好呢？

他一躺下，輾轉反側，稍微才入眠，夢，白天日有所思的牽掛，小偷一般又悄悄潛入大腦，撬開潛意識的門窗，流瀉出一幕接一幕的南唐往事。

睡不著，眼睜睜聽著時間，點滴，點滴到天明。

清醒著，對著往事發呆，會好受嗎？

醒著，夢著，都是糾纏。

宋人的筆記野史中，曾經記下一段。

宋太宗嫌朝廷供給李後主府邸的酒似乎太多了，想減少數量。有大臣進言，或許，多喝酒的李後主，對朝廷，對他本人，反倒是好事一樁呢！

宋太宗懂了。酒照舊提供。

李後主應該是要「謝主隆恩」吧。

喝了酒的李後主。經常在半茫與半醒之間。

他如是填寫著糾結的心情。他〈望江南〉了。

「多少恨，昨夜夢魂中。」

糾結啊～糾結往日繁華。

「還似舊時遊上苑，車如流水馬如龍，花月正春風！」

一輛華麗馬車接一輛華麗馬車的，接連放下進入皇家大苑的賓客們。春風輕拂，花月正好。但，怎麼，夢才剛剛美好，突然，突然，斷線了！

「多少淚，斷臉復橫頤。」

乍然被自己滿臉縱橫的淚水給驚醒！

夢呢？往日上苑呢？

「心事莫將和淚說，鳳笙休向淚時吹，腸斷更無疑！」

滿腔的心事，能跟誰說？只好和淚苦苦吞下去。悠揚的笙樂，再怎麼動聽，都不能選在淚流滿面的時刻啊，夢醒時分，柔腸正寸斷！

李後主怎能不柔腸寸斷呢？

在宋朝國都的繁華裡，他完全無從領會這座在當時舉世堪稱第一的大城市，究竟有多宏偉。車水馬龍，人聲鼎沸，只會勾起他的故國流連。

他是南方人。他是那小橋流水，氣氛氤氳之江南的詞人。他懷念鳥語花香。他懷念平疇沃野，江聲拍岸。他懷念濕濕潤潤的空氣裡，屬於南方特有的氣息。而他最痛卻又不敢說的心事是，他在南方故國重用的大臣，如今與他一樣，侍奉宋朝皇帝，沒有朝廷允許不敢私下來看他。他在南唐培訓的畫師，如今都在汴京供職，即將爲北宋一代的師院畫風，墊下宏偉地基。他與父親苦心孤詣，蒐羅來的書法墨寶，宮中珍稀，全都收進宋朝皇帝的私庫裡。

宋朝皇帝花月正春風，而他卻柔腸寸斷，在夢與醒的邊緣，掙扎。

後人，將會在歌頌兩宋的文明歷程時，提及宋朝雖然武功不及漢唐，然而卻是近世華夏文明極爲璀璨的新頁。

北宋選擇汴京做爲首都，但卻由於無法奪回燕雲十六州，北方天險盡失，而最終亡於金人之手。可是，南方富庶的糧倉與繁榮的經濟，卻支援了北宋長期媾和遼金，換得繁華的文明發展空間。

這一方面印證了宋太祖、宋太宗兩位皇帝，不容南方有獨立王國存在的威脅，也間接肯定了李後主及其父祖輩，在南方經營的樂土，不僅提供了北宋做經濟後盾，也爲日後南宋在南方的偏安，留下了伏筆。

只是當時的李後主，並不能預見這樣的歷史弔詭，他只能「多少恨，昨夜夢魂中」。

5

多少淚珠無限恨。他不能沒有一絲絲的幽怨

在夢與醒的邊緣，掙扎。

李後主在醒的時候，會不會偶爾仰天痴望，向南方故國，喃喃自語著：「菡萏香銷翠葉殘，西風愁起綠波間。」這兩句詞呢？

他沒有理由不想到這闋詞。

他想到這兩句，很合理。

他的處境，是有西風颳起、荷花凋零的悽楚。

想到這兩句，他當然也就想到了父親，南唐中主李璟。

他應該怨他父親嗎？怨他父親傳位給他。怨他父親把南唐搞到由盛而衰。怨他父親某些性格裡致命的遺傳基因，統統遺傳給了他。

但他也很明白，他父親並不快樂。他眼見他父親，去了帝號，去了國號，恭敬的自稱「江南國主」，向北周稱臣，納貢捐輸，極爲卑下。年輕的他，可能深覺屈辱。但他自己也在日後，以同樣卑屈的姿態，向「黃袍加身」，篡周自立的宋朝皇帝，以「江南國主」身分俯首稱臣。

他有什麼資格，怪他父親呢？

他父親那麼愛他，疼他，調教他。

他之所以能以階下囚身分，換來後世偉大的「帝王詞人」尊號，不也正因爲他父親的多年栽培，才有那樣的果實嗎？

歷史的弔詭，正在於這樣的難以預期，不是嗎？

李後主也許反而是在汴京的囚困裡，才更加能咀嚼他父親那首〈浣溪沙〉的苦澀吧。他父親也許是在某一天，退朝之後，反覆思量著國勢的窘迫，財政的赤字，邊境的擾攘，前景的不安，於是乎，在蕭瑟的庭園裡，以蕭瑟的心情，寫下了：

菡萏香銷翠葉殘，西風愁起綠波間，還與韶光共憔悴，不堪看！
細雨夢回雞塞遠，小樓吹徹玉笙寒，多少淚珠無限恨，倚闌杆。

一國之君，滿腹幽怨，望著荷花盛開的季節接近尾聲，西風吹起，殘花敗葉，一片淒涼，這小皇帝怎能不觸景傷情呢？

後人據此，常常會說，南唐中主已然窺見國家未來頹敗的際遇了。這闋詞，是不祥之兆。然而，他們太不了解文學了，或者，他們太不了解「詞之爲詞的」意義了。

他們分析的沒錯。

然而，南唐中主他能做什麼呢？

夜裡醒來，思念的人兒遠在邊疆，而自己所在的小樓，玉笙吹奏的樂曲，幽怨哀愁，夜色裡，更平添一股蕭條與苦澀。再多的淚水，也無法洗滌內心無限的傷痛。只能倚著欄杆，只能倚著欄杆，默默地啜泣著。

南唐中主李璟的小皇帝之位，並不那麼順遂。他不算是兄弟中，最被南唐開國之君李昪喜愛的一位。可是嫡長子的優勢，讓他最終坐上了皇位。他誠心的不太想當皇帝，數度想讓位給弟弟，最終都沒如願。

然而，小皇帝不好做啊。

他的父親，李後主的祖父，臨終前再三告誡中主：「汝守成業，宜善交鄰國，以保社稷。」

啜泣中的李璟，聽下了嗎？聽懂了沒？

祖父甚至抓住中主的手指，咬到出血，要以痛來警惕他：「他日北方當有事，勿忘吾言。」

危機在北方！虎狼豺豹在北方！切記，切記啊！

他父親應該切記祖父的臨終遺言的，但他父親卻一度忘了。數度興兵，最終如同祖父的預言，中主李璟失去了半壁江山。淪落到不斷的以金銀財寶，以摘掉帝號，向一統北方的政權低頭。頭低得愈低，錢賠得愈多，國勢愈發傾頹得厲害。

從中主，到後主，南唐要走到命運的盡頭了，只是時間問題而已！

李後主在汴京，回憶他父親寫〈浣溪沙〉時，一定還記得，大臣馮延巳寫了一首詞，其中有句「風乍起，吹皺一池春水。」

他父親調侃馮延巳，「干卿何事？」

風起了，吹皺了池水，關你什麼事呢？

馮延巳反應很快，對中主說：「未若陛下小樓吹徹玉笙寒也！」意思是，那又干皇上你，什麼事呢？

也許當時，君臣之間，互相笑笑，一切沒事。但南唐中主的心情，不就是一池春水的翻攪與震動嗎？困坐愁城的小皇帝，只是在拖時間罷了。包括馮延巳自己，都不再是老驥伏櫪志在千里，而是拖時間過日子了。

但李後主心中沒有一絲絲的幽怨嗎？

爲何是我，爲何是我，要承擔起亡國之君的幽怨呢？

李後主心中不能沒有一絲絲的幽怨。

他後來引來殺身之禍，不就是對著昔日舊臣，叨叨絮絮的，述說往昔，憤憤然的，說出後悔殺了誰，後悔偏聽了誰，而被打小報告，終至於宋太宗不留他當門面了。禍從口出，固然是他城府不深所致，然而，這不也是他詞人本色的必然代價嗎？

他不能沒有一絲絲幽怨的。

「多少淚珠無限恨，倚闌杆。」

但憑欄處，望去，哪裡是故國呢？

6

今宵好向郎邊去。
他心想若是大周后在的話

李後主心中不能沒有一絲絲的幽怨。

人在幽禁中，這感觸特別的強烈。

因爲跟著他一起被俘虜至汴京的妻子小周后，心中就充滿了怨恨。即便她知道，她的幽怨，徒然令柔弱的李後主，愈發痛苦。但她沒辦法，她就不是姊姊大周后啊！

李後主到了汴京。人在屋簷下，日子不好過，是當然。

宋太祖不但羞辱他，封他爲「違命侯」，在開支用度上，當然也不會讓他寬裕。他數度屈辱的向宋朝皇帝請命，希望多給予開銷上的協助。

可以想見，對一位也曾號令百官的小皇帝而言，未亡國之前，對北方宋朝固然卑躬屈膝，但對他的南方臣民，他卻依然是皇帝。

如今，落得個需要時時跪拜叩首，稱呼吾皇萬歲萬萬歲的地步，還不一定能換來宋朝皇帝的和顏悅色，這屈辱怎能消受得了！

宋太宗有一天，到皇家藏書的「崇文院」觀賞書籍，命令李後主、南漢後主兩位皇家俘虜作陪，看著逛著，宋太宗突然轉向李後主，指著書架上的書，對他說：「聞卿在江南好讀書，此簡冊多卿舊物，歸朝來頗讀書否？」白話直講就是，這些書可都是你以前的收藏啊，現在在我這，你可有空讀書嗎？

這不是故意炫耀，不是故意屈辱，又是什麼？

你的藏書，都成了我的戰利品，我還要故意刺激你，歸順我之後，還有在繼續讀這些你以前收藏的書嗎？

李後主能說什麼？可以想見，只能彎腰鞠躬，感謝吾皇雅量，感謝吾皇萬歲萬萬歲。

屈辱嗎？往後屈辱還多著呢！

宋朝皇帝豈止羞辱你這個落難小皇帝呢？他還要羞辱你的妻子，美女小周后啊！

《十國春秋》裡記載了，南唐滅亡後，小周后隨李後主北上。明著，宋朝皇帝封她「鄭國夫人」；暗著，不過是皇帝高興時的「玩物」、「伴遊」。興致來了，就宣小周后入宮「爲燕樂」，燕樂是幹嘛？就是陪皇帝歡樂啊～

一進宮，常常是「進輒數日裁出」，她是李後主的皇后，卻成了宋朝皇帝的玩物，後宮伴侶，動輒數日，李後主不痛苦嗎？小周后不痛苦嗎？

但又能怎樣呢？人爲刀俎，我爲魚肉。

李後主最痛苦的，或許還不是眼睜睜看著妻子被召入宮中數日不回，而是小周后回來後，必定痛哭失聲，「詈（罵）後主，聲聞於外」。

場面夠慘吧！

小周后顯然受盡屈辱，回來後，拿李後主當宣洩，痛罵他無能軟弱，無法保護自己的妻子。咒罵之聲，傳到屋外，更讓李後主難堪不已。一代帝王，連妻子都不保，傳聞到府邸外，他這位李後主能抬頭挺胸做人嗎？

但，李後主能怎樣呢？

他只能默默「婉轉避之」，盡量閃開妻子的怨恨，讓小周后盡情痛罵宣洩。

多悲慘，多哀涼的末代皇帝末代皇后的處境啊！

生不如死，然而，如今想死，卻也未必容易了。

避開小周后聲嘶力竭的咒罵聲，走出戶外的李後主，很可能坐在石椅上，回想著當年，小周后跟他偷偷約會的場景：

花明月黯籠輕霧，今宵好向郎邊去！剗襪步香堦，手提金縷鞋。

畫堂南畔見，一向偎人顫。奴為出來難，教郎恣意憐。

李後主這闋詞，多年後，成爲青春男女，幽會時最好的見證。

小女子拎著脫下的鞋，穿著襪子，躡手躡腳，偷偷穿過廳堂，奔向約會的男子。一看到對方，立馬嬌聲嗲氣的撒嬌，哎呦，人家出來見你，好辛苦啊，你知道嗎？你知道嗎？

很可能，小女子還嘟嘴，轉身，故意一副「要不是你，我才不冒這個險呢」的樣子！

李後主能怎樣呢？

當然是，從後面環抱女子，以行動證明他有多想她啊～

小女子是當時重病的皇后，大周后的妹妹。她常常來探望姊姊，不知怎麼就跟姊夫李後主默默地搭上了。她後來在姊姊過世後，亦嫁給了李後主。姊妹先後同事一夫，人稱「大周后」、「小周后」。看似美事一樁，但誰能預知往後的際遇呢？

這些都是南唐往事了。

「奴爲出來難，教郎恣意憐。」

好歹那時李煜還是個小朝廷的皇帝，跟他撒嬌，他的愛憐他的疼惜，都是小周后撒嬌後的得意回報。

但現在呢？

李後主能說什麼？

他連自己的身家性命都在人家的虎口下，憑什麼保護自己的妻子不受凌辱？更難堪的是，小周后還以爲是可以「教郎恣意憐」的昔日。殊不知她的撒嬌，她的憤怒，只會迫使李後主愈發窘迫，愈發不堪。

如果是大周后在他身邊，現在的屈辱會比較好過些嗎？

不知道。

李後主在庭院內，站著，坐著，他遲遲不願進到屋內。他搖頭，他嘆氣，他或許想念著大周后也說不定。

7

重按霓裳歌遍徹。他想著大周后心頭不無愧疚吧！

他心想，如果是大周后在他身邊，當下處境，至少在感受上，是不是會比較好呢？

當然，這一切都是懦弱的李後主，在面對現狀時很本能的反應。他懦弱，他只能把問題拋給大周后、小周后她們的性格使然吧。

但，也不是完全沒有道理的。

大周后、小周后是感情甚篤的姊妹花。同樣國色天香，美貌驚人。但大周后相對較成熟，應對人事，也肯定比妹妹懂事。

大周后十九歲，嫁給李煜。

未嫁之前，她便以多才藝，性賢淑，而名聞皇室。「通書史，善歌舞，尤工琵琶。」

李煜父親李璟過生日，大周后獻技琵琶祝壽，博得衆人讚賞，李璟還特別把自己收藏珍愛的燒槽琵琶送她，可見她的長輩緣，以及琵琶技藝的高超了。

至於何謂「燒槽琵琶」？

年代久遠，衆說紛紜，但不外乎最符合經驗法則的說法是，那是一種燒炙木材以適合製作琵琶的製程，也許燒槽琵琶會留下木材燒炙的痕跡，特別是在琵琶的尾端，至於爲何要用燒炙法，從古書上記載來看，應該是燒炙過的材質脆硬，發出的音聲特別響亮好聽。

大周后還能編舞作曲。

唐明皇爲楊貴妃編製的〈霓裳羽衣曲〉，傳到了大唐末期，已經是殘譜了。但到了大周后的手上，她卻能以琵琶，邊彈奏，邊把殘譜完整譜寫出來。當然可能不是原來的〈霓裳羽衣曲〉，大周后應該相當程度的以自己的創作揣摩，填補了殘缺的空白。也就是，在殘曲的段落間，以自己的詮釋，填補了空白。毫無疑問。她有音樂天分，她有作曲的天分。

與大周后甜蜜恩愛的十年，也是李後主帝王生涯，稍稍能忘卻國勢頹唐之悶、個人鬱悶之苦的階段。至少，小倆口躲在宮廷裡，恩恩愛愛，暫時忘卻了國家的財政困窘，軍事的欲振乏力，北方大敵的虎視眈眈。

李後主他自己通音律。在美貌多才的大周后陪伴下，他暫時轉移了無所逃於北方強權的苦悶，寄情於後宮之內的歌舞昇平，閨房之內的琴瑟和鳴。

他甚至常常荒廢政事。監察御史張憲急切的諫言，指他耽溺後宮荒廢國政。他心知肚明自己幹的好事，因此並不爲忤，還賞賜了御史三十疋錦帛。但現實是，他繼續過著萎靡不振的日子。

他在汴京，心頭縈繞往事，那首〈玉樓春〉，他肯定忘不了的。

那是多美好的時光啊～鎏金一般的歲月。

一群美麗的宮娥，打扮豔麗，日暮黃昏之後，點燃燭火，宮廷樂師，擺起陣仗，悠揚樂音，穿透庭園。

「晚妝初了明肌雪，春殿嬪娥魚貫列。笙簫吹斷水雲間，重按霓裳歌遍徹。」

人間天堂啊，不是嗎？梳洗乾淨，打扮得體，一列列的宮娥們湧出宮殿，列隊歡迎一天的黃昏晚宴。笙簫合奏，水雲彌漫，彷彿唐明皇楊貴妃的年代，在霓裳羽衣之間飄盪。

「臨春誰更飄香屑？醉拍闌干情味切。歸時休放燭光紅，待踏馬蹄清夜月。」

喝多了酒，心情放縱，誰的香氣，誰的醉意，管他呢？該回宮休息了嗎？不急，不急，我們且一塊騎著馬，繼續踏月，繼續揮霍吧！

這首詞，無疑是在頌讚與大周后一塊享樂生活的美好。

即便，當時的李後主寫下的這些詞，並不足以讓他在詞史上，在文學史上，留下日後的大名。但我們已經能夠看出來，他在客觀描述場景，主觀流露情懷的意象運用上，具備了相當的修養。

「晚妝初了明肌雪，春殿嬪娥魚貫列。」

多鮮明的描述，彷彿長短鏡頭一般，交互切換，先是化了妝，整理過儀容的個別宮娥，一列列排隊，美女魚貫而出。

「臨春誰更飄香屑，醉拍闌干情味切。」

醉了的神態，躍然紙上，彷彿直奔你面前。一介帝王，如此生活，享受歸享受矣，也難怪要落得個亡國之君的慘狀啊～

大周后知道她老公李後主在她病危之後，偷偷地跟她妹妹搭上了。
她生氣嗎？
換成是你，誰不會呢？愛情永遠是自私的，即便是姊妹。
大周后病中，有一回醒來，發現妹妹在宮裡。問她，來了多久？妹妹坦率地說，好幾天了。大周后沉默了。當李後主來看她時，她翻身，背朝李後主，不言不語。（你背著我，勾搭我妹妹了！）
雖然，她臨終前，還是對李後主說，失去兒子，又不能陪李後主終老，是她人生最大的遺憾。但，她眞正的遺憾，僅僅是這些嗎？
然而，她早些年過世，固然成全了妹妹，卻也讓她妹妹備嘗了宋朝皇帝的欺凌。幸耶，非耶?!
也許，當年的「重按霓裳歌遍徹」，還是最美好的鶼鰈情深吧！

8

紅日已高三丈透。他不壞他只是不知怎麼治國而已！

當年霓裳歌遍徹。當年霓裳歌遍徹。

李後主在汴京，反覆低詠這首詞時，心一定很痛。

痛在大周后的墓，在江南，他這輩子怕也無緣回去爲她掃墓，放一朵江南的菊花，置一盅清甜的美酒，仰天長嘆，塡一首新詞，訴說兩人天人永隔的衷曲。再也不能了。但李後主的痛，除了唏噓，應該還有些心虛吧！大周后臨終前，發現了妹妹與李後主的幽會，她能不生氣嗎？大周后之所以發現，還是因爲小周后的年幼與單純。

姊姊問她，妳怎麼會在後宮呢？

「小周后尚幼，不知嫌疑。」

竟然直接回她姊姊，都來了好幾天了！

「后恚（ㄏㄨㄟˋ，忿怒），至死面不向外。」

姊姊生氣啦，親妹妹來後宮，竟然不告訴她，連待了幾天後她才知道。她還沒死呢！怎麼不生氣呢？

她還眞有個性，至死臉都朝內，不肯正面看待小周后，當然也包括李後主。

你說，李後主日後回想往事，能不心痛嗎？能不心虛嗎？

難怪史書上記載：「故後主過哀，以掩其迹云。」（故意哀傷過度，以掩飾心虛。）

這麼一來一往，了解了事情的本末，我們卽便知道了李後主在大周后過世，是曾洋洋灑灑，寫過一篇數千言的哀悼文，情深意切，而且還以「鰥夫煜」自稱，但一旦你知道他「背叛了」大周后，這些文字似乎也瞬間走了調了。

大周后小周后雖然都美麗，不過正史上的描述，看來妹妹豔麗猶有過之。然而，姊姊的才貌與聰慧，則勝出妹妹許多！

小周后「警敏有才思，神采端靜」。但相較於對姊姊的描述，美貌之外，還多了「通書史，善歌舞，尤工琵琶」、「於采戲，奕棋，靡不妙絕」琴棋書畫無一不精。這些，似乎都不是小周后的擅長。

最令人叫絕的，是大周后續補了殘缺的〈霓裳羽衣曲〉。毫無懸念，大周后是有才有貌，內外兼修的美人。

但妹妹何以能搶走她的老公呢？

男人自以爲多情郎，當然是關鍵。可是，大周后病了一段時間，形容勢必枯槁，而且就後見之明來看，大周后的病勢，毫無起色。此時來了一位經常探訪姊姊的漂亮妹妹，「尚幼，未知嫌疑」，加上姊夫多情有才，又相貌堂堂，彼此安慰之餘，日長夜久，感情自然起了化學變化。

李後主終究是在大周后尚未過世前，便與小周后偷情的。於是，宮闈之間，藏不了祕密，於是在朝臣面前流言蜚語，不免有失身分。

著名的畫作〈韓熙載夜宴圖〉的主人翁，李後主的大臣韓熙載，就曾寫詩嘲諷李後主。但李後主並不以爲忤，心虛吧。

爲何大臣敢公然寫詩嘲諷自己老闆，不要命嗎？

一則，五代十國，擾攘不安，政權率皆短命，帝位傳承血腥味濃厚，反而是南方的南唐，相對穩定，北方讀書人紛紛避難到江南。而南唐從開國皇帝李昪，到中主李璟、後主李煜，都禮遇文人士大夫，帝王本身亦多有文采，與大臣們的互動，詩詞唱和，相較於其他政權溫柔許多，極少誅殺大臣的戾氣。

二則，李後主確實是個性格溫和，「爲人仁惠」的皇帝。對自己做的有違禮法的事，常常抱持「既然被發現，便笑罵隨你」的態度。他與大周后在一起時，荒廢國政；他與小周后在一起，違背禮教。當大臣指責他，嘲諷他時，他都摸摸鼻子，算了。

這樣的皇帝，生在承平時期，也許落得個仁君美名，但在風雨飄搖的板蕩時刻，實在不免要被當成無能來看待了。

「紅日已高三丈透，金爐次第添香獸，紅錦地衣隨步皺。」

看看這皇帝平常怎麼過日子的。

太陽都已經高高升起了，皇宮裡的金爐還不斷添進動物造型的香炭，鋪在地上的紅毯都隨著跳舞的節奏變形起皺了。一夜歌舞，還未結束喔。

「佳人舞點金釵溜，酒惡時拈花蕊齅，別殿遙聞蕭鼓奏。」

跳了一夜舞的美女們，妝髮都鬆脫了，不勝酒力時則拈花聞香來提神。你累了嗎？怎麼會呢？你聽隔壁的宮殿還在歌舞狂歡呢！我們繼續。我們繼續。

李後主不是個壞皇帝。他孝順，他仁惠，他多才多藝。他只是無法治理好這個從他父親手上交給他的小國家而已，但他的命運比父親差太多了。

他祖父警告的北方有事，在他紅日已高的日子裡，已經戰鼓頻傳了。但他似乎什麼也不能做，什麼也做不了。

紅日已高三丈透的嬉遊中，似乎也透露著淡淡的無可奈何。

人在汴京的李後主，應該無法再在紅日已高三丈透的時刻裡，渾沌度日了。他是階下囚，他是「違命侯」，他要時時刻刻，在大宋皇帝的身邊，戰戰兢兢，朝不保夕的過日子。

9

李後主的時代迷霧。五代史無論新舊都沒他的位子！

妳看我在堆得一座小山丘的後面，忙碌著。

妳翻翻我桌上的書，「哇，《舊五代史》！」

「啊，還有《新五代史》！」

我從書堆裡，探頭，望著妳。

哇什麼，不知道「斯斯有兩種嗎？」（好冷！）

五代史也有兩種，《舊五代史》、《新五代史》。

想知道爲什麼有兩種嗎？

不要，我只是來看看你，有沒有被書堆壓死！

說完，妳扭身，倒了杯水，走開了。

我繼續在書堆裡，挖掘我的李後主。

李後主屬於「五代十國」，但不幸的，他被宋朝滅國滅家，淪爲大宋的俘虜。他也進了《宋史》。

李後主，之所以稱爲李「後主」，當然不是他願意的。如果可能，他更希望南唐不是「亡」在他手上。其實，他父親，中主李璟當然也不願自己成爲「亡國之君」。過一天，算一天，應該是他們父子，最有默契的共識。李璟不想繼承皇位，李煜何嘗想呢？

李璟是嫡長子，逃不了；李煜排行老六，按理講，輪不到他的。但他運氣很不好，排在前面的幾位哥哥們，全一一過世了。最終，只能把小朝廷交給他，來苟延殘喘。

逃不了當小皇帝的悲哀，只能撐一天算一天。李氏父子，都求神拜佛。而且，相當虔誠。亂世裡，佛教穩定人心，但不能幫助帝王振興經濟，振作國事。

我們後見之明，綜觀唐末的紛紛擾擾，五代十國不過是一段過渡期而已。統一的時勢所趨，比的是誰軍力強大，帝王企圖心旺盛，而這些，都不是他們父子所擅長的強項。

即便他們還算一國之君，南唐也算南方的大國。可是，南唐不過是「五代十國」中的一支插曲罷了。是唐朝滅亡，到宋朝建立之間短短五十三年的分裂混戰狀態。五十三年，何其短暫！但卻有北方五個朝代更迭，南方九個小國起落，外加北方一個北漢，稱十國。可以想見，這是多麼混亂的年代，軍閥割據，戰爭不已，政權更換快速，宮廷鬥爭傾軋，冷血且令人眼花撩亂。

宋朝一統天下後，跟以往的統一帝國一樣，要官方修史，以確立自己的正統性。擾攘的五代歷史，對宋朝而言，是必須正視的大議題。

如果，唐朝之後，宋朝一統天下，具有「奉天承運」的正當性，那唐宋唐宋，唐宋之間必須要有連結。

於是，《舊五代史》便從這狹隘的正統觀念出發，把北方政權的更迭，視之爲正統，而把其他十國，稱帝的，當成僭僞政權；沒稱帝的，視爲地方割據。

於是，唐朝之後，後梁、後唐、後晉、後漢、後周，這五代，是連結唐到宋的繼承主線。

宋朝代周繼承天命，如果五代是正統，宋朝當然正統無誤。儘管《舊五代史》的史觀已經相當狹隘了，但至少，仍保留了五代相當多的史料。

可是，北宋歐陽修仍不滿意。他決定自己扮演司馬遷的角色。一人之力，重修五代史，而且要有一家之言。他大概花了十八年時間。他認爲史書必須記載「君臣善惡，與其百事之廢置」。而這麼做的目的呢，是要「垂勸戒，示後世」。

《舊五代史》的問題，依他看，「繁猥失實」，就是囉哩叭唆講一堆，卻做不到勸戒、警示的效果。於是，他自己來，以「春秋筆法」，要對歷史做「褒貶義例」。

這麼一來，更有趣了。《舊五代史》至少還保留的許多原始材料，被歐陽修大刀一砍，砍了大半。

我手上的《舊五代史》，全六冊，但另一套《新五代史》，則只有全三冊！都是中華書局版。是不是，一砍，砍掉了一半。

歐陽修雖然不再稱呼十國裡稱帝的，爲「僭僞」政權，但卻把十國統統當成「世家」看待。

若了解中國傳統史家的筆法，立刻就懂，「本紀」寫皇帝，「世家」只是諸侯。於是，無論新舊，這兩部五代史，都把五代十國階段，北方的五代視爲正統，而其他十國，都被視爲地方政權而已。

這樣一來，對我們理解歷史，有什麼影響呢？有。影響很大。

正統的觀念一旦深入人心，卽便「爛皇帝」、「爛皇朝」，依舊是正統。反倒，那些不錯的短命王國，卽便皇帝不差，治理不差，也可能被一筆抹煞，只因爲「不是正統」！

這是我們讀古代二十四史，必須小心翼翼的地方。

事實上，正因爲官方修史而成的史書，凸出正統史觀，太拘泥。因而，我們如今要了解更爲「眞實」的事實，有時候，是要透過「野史」，透過「筆記小說」，等等非官方的書寫資料，來比對正史，才能在迷霧中，看清楚歷史人物與歷史事件「不一樣的圖像」。

李後主的人生，亦當如是看。

從五代十國之一的君主，到淪爲宋朝俘虜，李後主的人生轉場是悲劇落幕。

但他的文學成就，則是驚嘆號！

10

雖然亡國，李後主卻非傳統印象的亡國之君

歷史書寫，都是「還原歷史」的嘗試。即便是在事件發生的當下，就算有人現場速記下來，也多半只是捕捉到「部分的」眞實。這沒辦法，「當下」永遠比我們所能記下的，看到的，更爲廣袤、更爲複雜，甚至，也更爲曲折。

何況，在那個「事件當下」現場的所有參與者，每個人的角度，心思，企圖，都不一樣。這便是何以，許多重大事件的見證人，常常所見證的事實，竟然可以彼此出入極大，近乎各說各話！

小說家芥川龍之介的〈羅生門〉，導演黑澤明據以改編的電影《羅生門》，之所以令人大開眼界，也在於他們各自以不同的媒介，讓我們反省了，思索了，何謂「事實」？何謂「敍述」？兩者之間的種種反差，何以會如此之大？

歷史，亦然。

李後主的事蹟，在新舊《五代史》裡，篇幅都很簡略，不過是一位亡國之君而已。既然亡國了，那肯定不是什麼好傢伙，沒什麼好值得申論的。無論新舊五代史，都把十國視為偏支、旁支，而非正統。於是，在評價上，很自然往往流於簡略，或失之於偏頗。也難怪，畢竟，短短五十三年間，政權更替如此頻繁，十國，尤其是南方九國，又被當成偏支，對這些小國家、小政權，缺乏正確的理解，雖然符合皇朝正統史觀，卻嚴重忽略了「大歷史」的意義。

如果，我們換個角度，從恢宏一點的歷史觀，從社會經濟史的視野出發，就會注意到，唐朝末年到五代十國，北方的政權爭奪戰，殺戮破壞極為嚴重。政治的權力中樞，固然選在北方你爭我奪，然而，南方則相對安定。彼此間的攻伐，雖然不能完全豁免，可是在戰爭次數上，在慘烈程度上，都不如北方！

由於相對安定，這才有北方人民北方文人紛紛逃亡南方避亂的舉動，形塑了南方經濟發展的契機，也有助於文化興盛的偏安局面。

唐代晚期，逐漸興起的文學新類型「詞」，當時亦稱「詩餘」，可見它比起主流的唐詩，是多麼的不稱頭了！但唐末，五代十國的戰亂頻仍，則像預言一般，預告了唐詩從高峰墜入尾聲，彷彿唐朝的偉業一般，逐漸江郎才盡。反之，詞卻一步步，在江南，在南方，走出它的未來芳華。

五代時期，在西蜀，在南唐，詞蔚爲風潮，不是沒有原因的，一則局勢穩定，再則經濟繁榮。

北宋，雖然一統江山，但汴京的經濟漸漸依靠水運，從江南送上大批的商品，進入都城，就證明了五代十國時期，江南的繁華，已經爲日後東南區域的崛起，奠定了根基。我們從北宋張擇端留下的〈清明上河圖〉，畫中河運的頻繁，商船的擁擠，市容的熙攘，人民經濟活動的多樣，不難擴大想像那一副榮景。

正因爲從大歷史的角度看，我們可以突破「皇朝正統史觀」的謬誤，對南唐李氏政權，才可以有不一樣的視角，重新評估。而這，也多虧了後來諸多筆記叢談、旁支歷史的爬梳、創作，替我們保留了不少當時的記載。例如：清朝出版的《十國春秋》裡，李後主的形象，便豐富且生動多了。

爲何？

因爲時代變遷，朝代更迭，當年新舊五代史的時候，編寫歷史的學者，還有當朝的顧忌，等到了北宋翻覆，南宋立朝，南方的分量與日俱增，當年五代十國的正統論，不足以解釋南方的崛起。各種穿透正史的材料、視角，遂紛紛出籠。之後，繼起的元明清，愈是後代，觀看五代十國的眼光，便愈來愈寬闊了。

其實，在撰寫《新五代史》時，歐陽修已經運用了相當的筆記叢談當材料。等到清朝吳任臣撰寫《十國春秋》時，他蒐羅到的筆記叢談、稗官野史，當然更爲豐富。在運用上，亦因爲時代的距離，而遠爲自由灑脫。

因此，關於李後主的故事，甚至他在江南的治理，以及關於李後主的詞在不同階段的關聯性，也相對的，愈發豐富生動起來。

舉個例吧，宋太祖曾經公開批評李後主，說他若能把寫詞的時間，多花在治理國政上，南唐應不致於亡國！

這話，看似有理，實則並不充分。因爲北宋與南唐的國力懸殊，根本無從比較。再來，這批評的含意，相當程度，刻意貶損了南唐的政績。

事實上呢，《十國春秋》告訴我們：李後主「嗣位之初，屬軍興之後，國勢削弱，帑庾空竭，專以愛民爲急，蠲賦息役，以裕民力。」「尊事中原，不憚卑屈，境內賴以少安者十有餘年。」

什麼意思呢？

白話講，是李後主繼承的，是一個已然困窘的小國，內外交迫，但他相當愛民，盡可能減輕人民稅賦，在委屈侍奉中原的壓力下，依舊讓南唐維持了十幾年的安定生活。不容易啊！這個小朝廷裡的小皇帝。

因爲他雖亡國，卻不是殘暴之君。當他過世的消息傳回故國時，「凶問至江南，父老多有巷哭者。」

《十國春秋》如是記載著。也算還給了李後主，一個歷史裁判的公道吧。

11

垂淚對宮娥。
難怪蘇東坡要罵李後主沒出息了！

李後主過世後，「凶問至江南，父老多有巷哭者。」可見，懷念他的地方父老，還是不少的。

但他在汴京時，會想到自己過世後，江南父老對他的評價嗎？

他敢不敢想？

他畢竟還是把一個國家給敗亡掉了，不是嗎？他可是亡國之君啊！

他自己留下一首詞，〈破陣子〉，記述了被迫離開宮廷當日，遠離故國的淒慘狀。

「四十年來家國，三千里地山河；鳳閣龍樓連霄漢，玉樹瓊枝作煙蘿。幾曾識干戈？」

多沉痛啊！李後主回憶著。

南唐開國至亡國，近四十年。最盛時，占地三千里，號稱南方第一大國。但可惜，傳到中主李璟，忘記了父親的教誨，要他保存實力，反而興兵作戰，接連吃了幾場敗仗，喪失大半土地，從此一蹶不振，只好對北方稱臣納貢。花錢消災，失地逾半，稅捐收入頓減，卻還要籌錢捐輸換取和平，南唐國力當然逐年困窘起來。

李後主描述的是事實。雖然小朝廷小皇帝，但他一出生，便含著金湯匙，錦衣玉食，鳳閣龍樓，住好，吃好，穿好，用好，他什麼時候懂得戰爭殺伐之事啊～他就是個「皇三代」啊～但這樣的好日子，結束了。

「一旦歸爲臣虜，沈腰潘鬢銷磨。最是倉皇辭廟日，教坊猶奏別離歌，垂淚對宮娥！」當了俘虜的日子，鬱鬱沉沉，頭髮斑白了，身體消瘦了。

最難受的，是想起倉皇拜別祖先太廟，宮廷的樂隊還奏起送別的樂聲，他流著眼淚揮別了平日相處的宮娥們。難堪啊，辭宗廟，別宮娥，要千里北上，當人家的階下囚了。

此去，注定沒有再回江南的可能了。

李後主這首〈破陣子〉，引發後世不少批評。

堂堂一位皇帝，即便被迫離開故國，至少也得不卑不亢啊～至少也得悲憤不已啊，怎麼，怎麼李後主卻一副婆婆媽媽的模樣呢？他怎麼那麼沒出息，竟然是垂淚對著送別的宮娥依依不捨，太不可思議了！

發出這批評的，不是別人，正是大文學家，一代文豪蘇東坡。

蘇東坡是怎麼罵他的呢？

蘇東坡的意思是，你既然亡國了，當然對不起祖先，你應該在離開前，痛哭於九廟之外（亦即太廟），再三對人民致歉，你把國家敗掉了！你怎麼可以那麼沒出息，卻只是垂淚對宮娥，還聽教坊演奏離別歌呢？

蘇東坡罵得有道理，不是嗎？

這個沒出息的李後主。

被大文豪蘇東坡罵，實在是很吃虧的，這一開罵，千百年來，李後主就這樣被貼上了「沒出息的標籤」。

可是，蘇東坡大人啊～冤枉啊冤枉，人家李後主本來就不是個「做皇帝的料啊」！他生性溫和柔弱。

他繼承了他父親，中主李璟的皇位，但他也繼承了他父親柔弱、溫馴的性格，當然更繼承了南唐大勢已去的頹唐局面。大廈將頹，他有這能耐，可獨力回天嗎？

宋太祖批他，不治國，只搞文字寫作，亡了自己的國家。其實宋太祖是吃他豆腐，是消遣他，是倒果為因。

李後主並不是因為耽於寫作，忘了治國的，而是找不到解決國勢凋零的辦法，陷入苦悶積鬱，只好埋首於文字寫作，以發抒他的憂悶。

蘇東坡批他，亡國了，被迫離開了，還只顧對著宮娥垂淚，聽教坊送別。罵是罵得過癮，但多少有點對牛彈琴。

因為，李後主就是一位「生於深宮之內，長於婦人之手」的柔弱男人，他的文字細膩溫婉，感情豐富，不像蘇東坡一揮手便是「大江東去，浪淘盡，千古風流人物」那般雄渾瀟灑。面對人生的流離困頓，也能一笑置之，隨遇而安。

說真的，反倒是「垂淚對宮娥」，最像李後主的本性，不是嗎？

我們如今讀這首〈破陣子〉，可以發現李後主儘管流露出亡國之痛，階下囚之苦悶，但他的表現手法竟然是「陰性氣質的柔弱」！

一句「幾曾識干戈？」，不覺得是在向天下恥笑他失國的人，撒嬌式的，頓腳，甩頭，哎呦一聲的，「人家就是不懂干戈（軍事）啊～要怎麼辦?!」而下闋的「垂淚對宮娥」，就更加像「姊妹淘式」的閨密情感，完全沒有一絲絲「陽性的剛強」了。

如果拿來跟項羽在烏江兵敗，知道大勢已去後，對著虞姬吟唱的〈垓下歌〉，更明顯看出李後主的陰柔性格了。「力拔山兮氣蓋世，時不利兮騅不逝，騅不逝兮可奈何！虞兮虞兮奈若何！」

一個是霸氣，不服輸的面對命運。

一個呢？是一把鼻涕一把眼淚的，被命運拖著走。

但，你能怎麼辦呢？人家就是李後主啊～

12

獨立小橋風滿袖。南唐輸了政權贏了詞史的地位

的確，你能拿李後主怎麼辦呢？

人家就是「生於深宮之內，長於婦人之手」的皇三代啊。含著金湯匙長大，幾曾識干戈啊～這麼一個人，竟然在中國詞史上，開創出「獨特」的一頁，前無古人，後無來者。而他留下的詞，算來算去，不超過四十首，還包括殘篇。

他爲何能做到這一步？或者改個方式問，他爲何走到這一步？

我們必須先回到，關於「詞」這個文類上，看李後主的位置。再回頭來看，他的詞，何以給人印象深刻的緣由。

詞，一開始，在唐朝，被稱之爲「詩餘」，顧名思義，唐朝詩人是不太瞧得起的。詩

餘，詩餘嘛，主力寫詩，沒事幹，剩餘時間剩餘精力，再去塡個詞，算是詩創作之外的尾巴，隨便玩玩。大概就是這意思。

事實上，詞，從一開始，也注定給詩人不太好的印象。因爲，詞是配合娛樂場所，飲宴作樂時，歌伎要彈唱助興，她們唱的歌，需要歌詞。換句話說，是先有曲，再來補寫詞的，所以叫「塡詞」。例如：先有〈菩薩蠻〉這首曲，再來依據曲的句數、字數、韻腳，塡進適當的字，謂之「詞」。因爲是唱的，必須要有韻。娛樂場合熱鬧就好，當然不會太重視文字品質。初期的「詩餘」，可以想見，不會太高級的。文人輕忽它，不是沒道理。

詞從唐朝末年，便逐漸流行。但像中唐時期的大詩人李白，也留下幾首詞。畢竟是大詩人，即便是寫「詩餘」，李白的詞，還是很精采。可是眞正讓詞崛起，並蔚爲文人雅士新的創作領域，還是要等到五代十國時期，才建立起詞的地盤。也就是說，不再是「詩餘」，而是「我的名字是詞」，請別再叫我「詩餘」了。

五代十國裡，又以西蜀、南唐，爲詞的發展重鎭。但西蜀的詞風，如果以《花間集》爲代表，毫無疑問，整體詞風的確還是濃郁歡場娛樂最應景的代表作。綺麗迤邐，華美細膩，如同書名，是給人花間遊蕩，花團錦簇的華麗感。

但，南唐的詞風，則相對不同。

南唐詞人，除了中主李璟，後主李煜，南唐小朝廷中，亦不乏名家，像馮延巳就名氣很大。他知名的金句很多，例如〈鵲踏枝〉：

誰道閑情拋擲久，每到春來，惆悵還依舊。日日花前常病酒，敢辭鏡裡朱顏瘦。
河畔青蕪堤上柳，為問新愁，何事年年有？獨立小橋風滿袖，平林新月人歸後。

是不是很美！

從《花間集》到南唐詞家，最大的變化是，花間詞不脫俗豔，但南唐詞則多了文人風雅，感時憂懷的情操。這是文類要被文人士大夫接受，很重要的轉換機制。

詞，到了南唐名家的手上，境界突然轉了一彎。一彎，就彎出了延續到北宋的泱泱大河的流變。

本來，詞搭配樂曲，在應酬場合增添觥籌交錯的氣氛。但南唐幾位詞家，卻由於個人的氣質，或，南唐在北方強權的欺壓下，整個朝廷瀰漫焦慮不安的情緒吧，使得詞人藉由塡詞，也把自己的心靈投射到整個創作的過程裡。表現出來，竟是一副極爲寬闊的人間氣象。

馮延巳的〈鵲踏枝〉，爲何動人？

它看似寫一個人的無聊、孤寂，但字裡行間卻讓人感受到人的肉體生命，須承受多少來自外在世界的干擾與壓力？但，人的肉身看似脆弱，卻又有多寬闊的耐受力，可以承擔生命無盡的麻煩與憂患！

那是一種了解了人生不過是無盡的過關、闖關，與獨自面對寂寞的豁達。

「獨立小橋風滿袖，平林新月人歸後。」

多優美的境界啊～

你知道人生無奈，你知道明天不知會遭遇怎樣的無常，但沒關係，你站在小橋上，仰頭望向天際。一輪新月，勾掛在天上，月圓月缺，年來年去，看盡多少人間滄桑。沒關係，沒關係。你張開雙手，讓風灌進袖口，你感受到一股我欲隨風而去的喜悅。人生苦短，當下的領悟，當下的喜悅最實在。

我必須說，詞發展到超越歡場娛樂，超越觥籌交錯之助興工具的新境界之後，詞的文學里程碑便漸漸在文學花園中，矗立自己的高度了。

南唐，是這座詞之聖殿，詞之方尖碑，重要的一段奠基、轉軌工程。單看馮延巳這首〈鵲踏枝〉，你便知道他們南唐君臣之間，筆墨來往，以詞切磋的水準。雖然輸掉了政權的競爭，卻爲詞在北宋的蓄勢待發，做好了登陸的準備！

誰說，南唐不是輸了政權，贏了文化呢？

多少年後，多少文青如你我，心中悶悶，不是也會嘆氣著：爲問新愁，何事年年有?!

那是人生，千古一同的「存在之憂鬱」啊。

13

一切文學余愛以血書者。李後主硬是比下了宋徽宗

南唐輸了政權，掙得了詞史上轉折的關鍵。最戲劇化的關鍵人物，當然是李後主。

一個天才，通常不會是懸崖上的一朵孤獨的野百合。必須在一個脈絡裡，不斷被激盪，而後脫穎而出。

李後主，先有他父親，也是詞家高手中主李璟的栽培，後有含著金湯匙，在豐富的典藏，文人雅士的環繞下，被激盪，被激發，才有他獨特的文學才情湧現。

葉嘉瑩教授討論李後主的詞時，不太喜歡把李後主的詞創作區分爲前期與後期的一般看法。也就是，把他被俘，送至汴京的前後，當成理解他的詞風，劇烈轉變的分野。

葉教授的看法很有意思。簡單講，這樣的二分法區隔，會讓人誤解，前期的李後主，在

創作上似乎風花雪月，而後期的李後主，則又出人意表的傑出，這反差會不會太大？難道一場劇烈的動盪，可以把一個文采普普的人，激盪成頂尖的文學高手嗎？

這觀點，我喜歡。

因爲，所謂前期的李後主，他的詞，事實上是非常有水準的。只是風花雪月比重多很多而已。也是因爲夠水準，才能解釋，他在人生劇烈的斷裂衝擊下，方可站在夠水準的文字創作基礎上，把生命的體驗推向更深、更遠的意境。

《人間詞話》的王國維舉了個例子，最能把我喜歡的葉嘉瑩觀點，對比得清楚明白。

王國維說：「尼采謂『一切文學，余愛以血書者。』後主之詞，眞所謂以血書者也。宋道君皇帝《燕山亭》詞亦略似之。然道君不過自道身世之戚，後主則儼然有釋迦、基督擔荷人類罪惡之意，其大小因不同矣。」

這段評價，有幾個關鍵詞彙，我來講解一下。

王國維受到二十世紀初，當時歐陸哲學，流行尼采、叔本華的影響，多次加以運用，來解讀《紅樓夢》、傳統詩詞戲曲。

尼采的「血書」，是指作者透過自身生命的沉痛經歷，表現於文學藝術的創作，也就是有眞正的血淚生命感受之作。

宋道君皇帝，是宋徽宗，也就是北宋的亡國之君。被金兵攻破汴京，與兒子欽宗，父子一塊被俘虜到金國境內，史稱「靖康之難」，北宋於焉滅亡。也是南宋立朝後，一直引以爲國恥的記憶。

歷史如流水，你不會踏進同一條流動的河水兩次。希臘哲人如是說。

但歷史，卻又有極爲有趣的巧合！

小說家馬克吐溫說得好：「歷史不重複，但會押韻。」李後主與宋徽宗，不是歷史的重複，卻是歷史有趣巧合的押韻！

前有李後主，後有宋徽宗，都是風流天子，多才多藝，民間野史傳說紛紛，筆記小說超愛附會。更超現實的流言是，宋徽宗根本是李後主的投胎轉世，要報復當年亡國亡家的仇恨。正因爲宋徽宗與李後主多方面的相似性，而且有宋朝開國兩位皇帝，對李後主的亡國、迫害，才更讓宋徽宗與李後主有了民間野史，大作文章的附會空間。

宋徽宗在被擄送至金國的途中，寫下了〈燕山亭〉，同樣感慨自己貴爲天子，卻一夕間，淪爲亡國階下囚的痛苦。

詞寫得很好。亦不乏金句。但，一對照李後主，眞的，實在就被比下去了。

爲什麼會這樣呢？

首先，是文學的天賦有差。

宋徽宗雖然多才多藝，他的書法「瘦金體」獨樹一格。但他的詞實在不如李後主。

天賦，你必須承認，有些人奮力而爲，寫出好文采；有些人，舉手投足，便是好文采。

天賦有差。其次呢，是運用文字時，技巧的高明與否。

宋徽宗的〈燕山亭〉，寫得「很用力」，但「用典太多」、「用字艱澀」，使得行文之間，像作文，對，像作文，而非一個人在流淌心頭的血淚時，很自然的感情流動。

再其次，宋徽宗的〈燕山亭〉，會讓你知道他的痛，但卻彷彿是你在看一個人的沉痛告白，你會被感染，但不見得很感動。因爲，是「別人」的故事。

但你讀李後主，尤其是他亡國之後的詞，你不僅被感染他的情緒，他的痛苦，你甚至整個人還被拖進去，連帶你的命運，你的過往，都被他帶動，感動了。這是「渲染」效果！也是一種「沉浸式」的體驗。

爲什麼會這樣？

王國維說得眞透徹：「然道君（宋徽宗）不過自道身世之戚，後主則儼然有釋迦、基督擔荷人類罪惡之意，其大小因不同矣。」

懂了吧！

宋徽宗的詞，只傳遞他的個人痛苦。

李後主的詞，卻能撫慰我們衆人的痛，我們難以言喻的苦。

也就是說，宋徽宗的詞，只是他個人的際遇感受。但李後主的詞，則把你的人生際遇，人生喟嘆，統統拉進他的感懷之中了，這就是文學的魅力。也可以說，李後主的詞，是「療癒系的詞」，是達到宗教性撫慰的高度。

14

恰似一江春水向東流。李後主的詞有鋪天蓋地的效果

同樣亡了國，同樣有好文采，同樣在被俘虜後感時傷懷，為何寫出來的詞，李後主就有「儼然基督、釋迦的情懷」，而宋徽宗則沒辦法？

個人氣質，才情有差，這當然是原因。

但，李後主把自身遭遇，連結到普天之下，每個傷懷的人，都能起共鳴，這才是他的亡國之詞，傷痛之詞，最厲害之處。

他是亡國之君。然而，你讀他的詞，往往忘了他如何敗掉一個國家，而只會透過他的詞句，讚歎他的文字那麼精準，意象那麼深幽，感情那麼自然，同時也連結到自己閱讀他的詞句時所引發的自身的感懷。讀著，想著，我們也就突然解消了，對他亡國之痛的追根究底。

套用美學上的講法，李後主的詞，不但讓你感同身受，還讓你自動轉換他的處境，認同他的痛苦，同情他的際遇，也在那瞬間，把他的詞，轉爲調理你自身處境的聯想了。李後主眞是厲害。

於是，千百年來，讀他詞的人，一方面進入他的世界，與他的命運同悲同歎喟；另方面呢，則也爲自己的人生，在讀詞的當下，油然神傷起來。但我們讀宋徽宗，你很難有這份聯想。只感覺他眞是階下囚，很悲涼，但到此爲止了。共鳴共振的範圍不大。

對，「共鳴共振」很重要。

以美學的意義來講，就是宋徽宗不能感動你，而李後主完全融化你。

不信嗎？

我來鋪陳，對比一下，讓你自己讀，自己比較。

宋徽宗的〈燕山亭・北行見杏花〉：

裁剪冰綃，輕疊數重，淡著燕脂勻注。新樣靚妝，豔溢香融，羞殺蕊珠宮女。

易得凋零，更多少、無情風雨。愁苦，問院落淒涼，幾番春暮？
憑寄離恨重重，者雙燕何曾，會人言語？天遙地遠，萬水千山，知他故宮何處？
怎不思量？除夢裡、有時曾去。無據，和夢也、新來不做。

這首詞滿長的。你一定好奇，身爲俘虜了，還能有興致寫這麼長的詞？你如果第一印象如此，那你就太有概念了。沒錯，詞不好寫，難度甚至高過作詩。每個字，每段句，都有嚴謹的規則要遵守。當俘虜了，還能寫這麼複雜的詞，你覺得他的處境，眞有那麼「難過」嗎？至少，你讀這首詞，很難立卽聯想，不是嗎？

這是〈燕山亭〉，首先給人不太討好的印象。

再來，整首詞，用典故，用艱澀的字，用得稍嫌多了。

我們讀它的時候，屢屢會被你不熟悉的典故或艱澀的字，給卡住，不是嗎？

其實整首詞，上闋講的是，北地冰寒，杏花開放，嬌豔欲滴，賽過蕊珠宮女。但遇到了風雨摧折，花葉飄零，我宋徽宗愁苦的望著庭園，淒涼景致，使人哀愁。

下闋呢？

我宋徽宗這落難皇帝，與故國遠隔千山萬水，望著燕子，牠不能言語，怎知我的哀傷？我唯有在夢裡，才能重回故國宮廷。無奈，最近連做夢也是奢求啊～

這首詞，其中也有數句，確實感人肺腑，而且讓人印象深刻。

可是，真的不容易整首記下來，對不對？

借用王國維在《人間詞話》裡，愛用的評價術語，「隔」或「不隔」來看，宋徽宗的〈燕山亭〉，不免有點「隔」了。也就是，在他的描述裡，我們不容易完全進入他的體驗，彷彿總有那麼點「隔」，總有那麼點「距離」，橫阻在我們與宋徽宗的痛苦之間。

「隔」或「不隔」，看似抽象，我們若改看李後主的詞，立馬見真章。

就看〈虞美人〉吧！

春花秋葉何時了？往事知多少。小樓昨夜又東風，故國不堪回首月明中！

雕闌玉砌依然在，只是朱顏改。問君能有幾多愁？恰似一江春水向東流。

也提到故國，也提到昔日宮殿，也提到自然景觀，也提到自己的哀傷，但整首詞，任何讀者，都會很容易進入李後主的內心深處，彷彿他就在你身邊喟嘆，或你就彷彿化身成他一般。

這叫作「不隔」。

宋徽宗的〈燕山亭〉，彷彿只是他個人的感傷和喃喃自語，你或許會被他打動。然而，李後主的〈虞美人〉，除了讓你感動，還可以挪移至自己的「感情世界」裡，發揮出「移情作用」的美感經驗。於是千年前千年後，兩個異代時空，兩個不同的人，在一首詞的串連下，遙相感嘆了！

厲害吧，我的李後主！

兩人的詞的功力高下，分野是非常明顯的。宋徽宗像「認眞獻技」的演出，李後主呢，如「行雲流水」的眞誠自在。

李後主爲何能超越這麼多？

平心而論，宋徽宗的年代，詞，在北宋已經是文學的主流了，按說，詞的表現手法理應更爲高明才是。相形之下，李後主的時期，詞才剛剛脫離應酬歡場的階段，剛要起飛而已。怎麼李後主可以顯現得如此耀眼呢？爲何你讀李後主詞，就感覺情緒鋪天蓋地而來呢？

這當然不免有「詞被正典化」後，創作者的用字選詞，在一堆經典的壓力下，愈發的艱難有關，但個人的氣質與才情，恐怕決定性尤爲關鍵。

畢竟，這就是文學。

於是，我們要在李後主身上，去找答案。

李後主的詞有鋪天蓋地的效果

15

人生愁恨何能免。李後主就是有能耐直叩你心

從李後主身上，可以找到怎樣的，頂尖文學家的答案呢？

王國維在《人間詞話》裡，給了一條線索。

「客觀之詩人，不可不多閱世，閱世愈深，則材料愈豐富，愈變化，《水滸傳》、《紅樓夢》之作者是也。主觀之詩人，不必多閱世，閱世愈淺，則性情愈眞，李後主是也。」

這段話，怎麼解？

王國維的意思是，作家可依據「閱世多寡」與「性情眞實」，劃分爲兩類。

「閱世愈深」，對人事的理解愈多，愈深刻，他寫作依據的材料，相對會愈豐富。這是對自身所處的外在世界，能做客觀觀察理解的作家。例如：《水滸傳》、《紅樓夢》等。

另一類呢？

不對外在世界，做太多深入、客觀的理解認識，而是只從自身的直覺直觀，自身的經歷，去抒發直接的感受。他們不必閱世太多，甚至人世閱歷淺薄，反而是這類作家的優勢，因爲他們更能突出性情最質樸，最眞實的一面。例如：李後主。

當然，這樣的二分法，簡單歸簡單矣，但太過粗略，一定也相對製造不少爭議。

一個作家，能夠這麼簡單的被二分法嗎？

至少，我就不是很同意，《紅樓夢》作者曹雪芹只能歸類爲「客觀之詩人」嗎？整部《紅樓夢》，當然展現了曹雪芹非常厲害而精準的「閱世深度」，不然，他無法提供我們那麼豐富的，關於大觀園，關於一個龐大家族史的起落敗亡故事。然而，曹雪芹沒有「性情愈眞」的一面嗎？他不具備「主觀之詩人」的質樸純眞嗎？我不認爲。否則，他怎麼塑造賈寶玉、林黛玉「癡情至死」的角色呢？

好，但我的重點不是要跟已經作古許久的王國維老先生抬槓。我是要透過王國維老先生的看法，來探討李後主的詞，之所以不管前期，或後期，都屬一流詞家的關鍵因素，究竟在哪？

李後主的詞，的確給人一股非常「純眞」的感受。

所謂「純眞」，是他給你的印象，就是「他之所以是李後主」「別無分號」的印象。

講白話一點，他的文字，可以直撲你心，毫無阻隔，毫不做作。

其實，我們若看宋朝詞家裡的大咖，例如蘇東坡，儘管他的詞風多樣性遠遠超過李後主，但蘇東坡的詞，也泰半具有「直撲你心」的功力。爲何？還是因爲「不做作」。

如果，你還是覺得王國維講的，讓你疑惑。

那好，我們再用另一段王國維的評語，你應該就更明白他所謂的「不必多閱世」、「性情愈眞」的「主觀之詩人」的意思了。

王國維顯然很重視寫詞者的「內在眞誠」。

「詞人者，不失其赤子之心者也。故生於深宮之中，長於婦人之手，是後主爲人君所短處，亦卽爲詞人所長處。」

赤子，單純的孩子。對人世的理解，永遠是單純，直白的反應。

我們若用「不失其赤子之心」來講一個人，有時，可能是眞的稱讚他，單純、可愛，但有時，恐怕就是諷刺，調侃他，不合時宜了，很白目了。

這樣理解，你就懂，王國維爲何說，「赤子之心」是李後主，爲人君之短處，卻又是爲詞人之長處的，兩面評價了。

詞人，須不失其「赤子之心」，也呼應了王國維評論詩詞時，愛用「隔」或「不隔」的原因。

直叩人心，坦誠相見，就是「不隔」。轉來轉去，扭捏作態，便是「隔」。

我若用現在的潮語來替換的話，我會說，讀起來「卡卡的」，就是「隔」。相對的，讀來「不卡」，便是「不隔」。

蘇東坡有首詞〈臨江仙．夜歸臨臯〉，我抄下來，你看看，隔不隔呢？

夜飲東坡醒復醉，歸來彷彿三更。家童鼻息已雷鳴，敲門都不應，倚杖聽江聲。

長恨此身非我有，何時忘卻營營？夜闌風靜縠紋平，小舟從此逝，江海寄餘生。

講的是傳統文人，宦海浮沉，心底老想著隱居生涯的渴望，這其中，有多少文人借題發揮，但都充滿了城府與心機，可是蘇東坡寫來，硬是幽默兼自嘲，那句三更半夜飲酒歸來，「家童鼻息已雷鳴，敲門都不應」既描述傳神也顯示蘇東坡的爲人寬宏大量，最終怎麼辦？只好一個人站在江邊聽濤聲綿綿啦！

我幾乎不用翻譯，你也能懂蘇東坡這首詞的意境，這就是「不隔」啊！

所以，這也是爲何我能接受李後主的詞，不必要硬性切割爲前後期的說法了。

因爲，從「不失其赤子之心」的角度看，李後主一直都是李後主。單純，直白，文字直叩你心。

不信嗎？請看：

「剗襪步香堦，手提金縷鞋。畫堂南畔間，一向偎人顫。奴爲出來難，教郎恣意憐。」

（明明是偷情哪，還寫得這麼可愛！）

再請看：

「人生愁恨何能免？銷魂獨我情何限！故國夢重歸，覺來雙淚垂！高樓誰與上？長記秋晴望。往事已成空，還如一夢中。」（是他亡國啊，卻亡得像你失戀一樣，痛啊～）

是不是？不管是偷情，調情。不管是，階下囚，是苦思故國。李後主的文字，是不是都直接撞擊你的心扉？完全沒有阻隔啊～

直到千年以後，你還被感動。

還想讀他的詞，還在讀我的詮釋。

16

自是人生長恨水長東。他讓感情直接從心底流瀉而下

李後主憑什麼能以文字穿透時代的間隔，穿透不同身分的分歧，而直達你的心門，叩叩叩，敲進你的靈魂呢？

其實硬要比較兩個不同時代的詞人，也的確不是很公平的。除了才情有別之外，時代對文類的期待不同，往往造成作家的養成有差，以及作家對自我的期望值不一樣。

這樣講吧。

當新詩在「五四新文學」的階段，白話文剛剛入詩，如旭日要東升，如百花要齊放，詩人有很大的空間，可以搶出頭。可是，新詩發展到幾十年後，幾代的文壇經營、詩壇霸

主都輪流登場了，這時，要再看到非常搶眼的詩人、詩作，說眞的，非常不容易。一個詩人，既要扛起前輩累積的果實，又要突破他們設下的重重關卡。不容易，很不容易啊！

也許新詩的例子，不算太好的例子。爲何？因爲，新詩是打破傳統詩詞，必須照一定規範，在一定格式下，依遊戲規則，選擇適當的字填入。換言之，格律詩、古體詩，有很多陳規要遵守。新詩、白話詩恰恰相反，是在「自由」的指導原則下，沒有禁忌的創新，於是新詩，還是有不斷翻新的可能性。然而，唐詩宋詞面臨的問題就比較大了。

我們常說唐詩、宋詞、元曲，這樣的說法，很像是一個階段取代另一個階段似的，其實這是誤解。

因爲，唐詩之後，宋朝的寫詩風氣還是很盛，元明清照樣有詩人前仆後繼。唐詩有名，《唐詩三百首》赫赫有名。但，坊間同樣可以找到《宋詩三百首》、《清詩三百首》，可見，詩之爲一種文類，在唐朝之後，宋朝人也寫，明朝人、清朝人都在寫。

同樣的，宋詞之後，元明清詞家依舊輩出，依舊在寫詞填詞。

元曲，元曲，其實明清兩朝，曲依舊在，還跟戲曲結合得非常之深。《紅樓夢》裡，就有很多精采的曲詞。

所以說唐詩宋詞元曲，是替代關係，完全是誤解。

可是，若說，唐詩宋詞元曲，是「典範」的遞移，那就有道理了。

何謂「典範」？

可以這樣簡單理解：就是在一段相當長的時間範圍內，一群志同道合的人，透過一組他們認同的原則與理念，來從事某一些創作。

唐詩，是對「絕句」、「律詩」、「樂府」等創作格律的遵守。

宋詞，是對唐詩發展到高峰時，一方面逐漸感覺難以施展的困境，因爲太多優秀的詩人與詩句，壓在你前面了，像連綿不絕的山峰。

另方面呢？這些規格，也讓想再多些自由的創作者感覺到束縛，因而試著尋求形式的突破。於是，在樂曲填詞這一塊新領域，找到了出路。

宋詞，亦稱「詩餘」，反映了剛起步時，詩界對它的瞧不起，但詩餘到一個程度後，竟反客爲主，蔚爲新的流行，新的典範！

元曲的崛起，也可以大致從這角度去理解。

回到宋徽宗的〈燕山亭〉，我們再想想，問題在哪？宋徽宗時，北宋在文學藝術文化上，登峰造極。詞的發展，已經遠遠超過李後主時的整體水平。宋徽宗的〈燕山亭〉，用字遣詞十分高明，看得出他的造詣。可是，正因爲，詞的發展，到了極高的水平，反倒局限了宋徽宗！

怎麼講呢？

宋徽宗那年代，詞人會更重視用字遣詞，更注意韻腳。愈重視用字遣詞，就相對可能忽視感情，用情的部分。

換句話說，你會太在乎「字」用得巧不巧，有沒有超越前人？而「詞」用得妙不妙，有沒有再創新意？

很像唐詩發展到後期，李賀爲了「僧『推』月下門」比較好，還是「僧『敲』月下門」

比較好，在那裡「撚斷鬍鬚」一樣，連走路都在推敲，是不是滿走火入魔呢？

也許，李後主的幸運是，他剛好處於五代十國的過渡時期，詞的崛起，還沒有太多典範的包袱，而他則可以自己去開創一些典範，這是他比宋徽宗幸運的地方。

「家國不幸詩家幸」，時代動盪不安，是家國的不幸，但對創作者，有時反而是發抒情懷感觸於文字最好的時代。

然而，寫得好，或寫得普普，又跟個人的才情，個人在際遇的激盪下，如何激發出原創性，有很大的關聯吧！

李後主顯然善用了他質樸的感受力，善用了他直白的文字力，把內在的赤子之心，直接鋪陳出來。

尤其是在國破家亡之後，人生之至痛，命運之至慘，他還在乎什麼「形式」呢？從心底直接流瀉而下的感情最重要！

請看：

「林花謝了春紅，太匆匆！無奈朝來寒雨晚來風。」（淒涼啊～淒涼啊）
「胭脂淚，留人醉，幾時重？自是人生長恨水長東！」（我痛啊～我痛啊）
痛與恨，懊惱與自責，不是都很直接嗎？

17

無奈夜長人不寐。赤子之心就是你的初衷

從心底直接流瀉而下的感情最重要。

這應該是李後主的詞，最厲害，最迷人的地方。

我們千百年後，再讀那些文字，毫無懸念，就是會被渲染到，被感傷到。

李後主本身的故事，當然提供了我們對這些詞，「未讀先轟動」的吸引力。但，關鍵是，讀的當下，沒有窒礙，不會卡卡。讀過之後，餘音嫋嫋，韻味十足。

套句流行的潮語：李後主的詞與他的人，有著多重宇宙的層層套疊，非常迷人。

這才是李後主詞，能流傳至今，不退流行的神祕處。

爲何那些詞，可以從他內心宛如流水一般，直接傾瀉到我們的心靈深處呢？不管在他之

後，多久的年代。

大學者王國維的解謎是，李後主有「赤子之心」。

赤子之心，就是未受到塵世、世俗太多干擾的人性本色。用英文來講，或許primary color，原色，本色，最貼切。

人，很難一塵不染。但人可以在很多處境下，保有單純的眼光，單純的視野，看待周邊人事，自身處境。也可以說是，以簡馭繁吧！

換句話說，客觀上，你當然不可能一塵不染。但主觀上，你卻可以努力的，盡量的，讓自己不把世界複雜化。也可以說，某種天眞，某種愚騃，某種單純，也可以是我們因應世界的方式。反正，世界再複雜，我就是我，我就是「用我的方式」去面對，便是了。

王國維說，詞人者，不失其赤子之心。亦多少表明了，文學創作者的初衷與初心吧。

沒有一顆赤子之心，幹嘛來寫作呢？或者，也可以說，一旦你進入寫作狀態，「赤子之心」便必然會在瞬間呈現，讓你得以暫時脫離現實，遠離塵囂，忘卻世俗，看到自己的「初衷」。

很玄嗎？其實一點也不。

舉個例子吧。不妨舉個現實狀態與寫作狀態，非常極端落差的例子吧。

你覺得曹操這個人怎樣？

很複雜對吧？

曹操是一代梟雄。但，他可同時是政治人物裡，文采一流的好手。連蘇東坡都很欣賞他的文采，特別在自己的詞裡，再三援引曹操的短句，加以創造性的轉化。

的確，《三國演義》鼎足而三的人物中，劉備也好，孫權也罷，無一是他文采的對手。

我們讀他的〈短歌行〉，信手拈來，很多金句，至今是不是仍然很有感？

「對酒當歌，人生幾何！譬如朝露，去日苦多。」（人生苦短啊～）

「慨當以慷，憂思難忘。何以解憂？唯有杜康。」（杯底不要飼金魚啦～）

「青青子衿，悠悠我心。但爲君故，沉吟至今。」（我的心裡只有你啊～）

「月明星稀，烏鵲南飛。繞樹三匝，何枝可依？」（誰能了解我的哀愁是怎麼一回事

啊～）

爲何我們在讀曹操的〈短歌行〉時，會暫時忘掉他在《三國演義》裡的刻板印象呢？只因爲文學的魅力，把我們帶進他的內心深處，讓我們看到當時不可一世的梟雄，竟然也有望月興嘆，感覺自身相對於宇宙的浩瀚，時間的無垠，竟如此之渺小的時刻！那當下，他，不是跟你，跟我，一樣嗎？我們都只是塵世間的一粒沙，時光飛逝中的一瞬而已。管你多偉大，管你多囂張！

這就是，「赤子之心」的當下，是人的「初衷」在「瞬間」被文學捕捉下來了。

蘇東坡與曹操絕對是不同的人格特質，際遇也相差很大，但蘇東坡對曹操的〈短歌行〉系列，卻情有獨鍾。

他的〈卜算子〉：「缺月掛疏桐，漏斷人初靜。誰見幽人獨往來？飄渺孤鴻影。」直接脫胎自〈短歌行〉的意念。如果不是文學的初衷串連兩人，蘇東坡如何能夠認同曹操的多數作爲呢？

但並不是所有試圖創作的人，試圖去捕捉那一瞬間赤子之心呈現時刻的創作者，都有辦法傳遞給你他要的感受，以及你會起共鳴的感受。這就是才情的局限。

他，創作者，有無找到最適切的方式，有沒有完成這初衷的寫作實力，顯然還是因人而異的。

在梵谷還沒有找到他要的，如漩渦一般翻騰的心思表現手法之前，你很難懂他的孤獨與熱情如何激盪於心。他一旦找到了，你突然在那幅〈星空下〉，便怔住了，便震撼了。我們的心，我們的內在，原來亦會如此之攪動，只因爲我們有一顆敏感、脆弱、渴望人家懂你的靈魂。

在還沒有人能敲開你的心扉前，我們且獨自仰望星空，承受自己內心的翻騰吧！

敏感、細緻的李後主，其實是一直懂得生命裡的孤獨與無奈的。

「深院靜，小庭空，斷續寒砧斷續風。無奈夜長人不寐，數聲和月到簾櫳！」

他仰望星空，感覺某種蒼涼與孤獨。

九百年後，梵谷仰望夜空，寂寞如是。

18

李後主能把普通文字渲染出驚人魔力！

別時容易見時難。

單憑「赤子之心」也可能僅會寫出極爲淺薄的作品，許多暢銷但通俗的文字，不都是這樣。要把赤子之心，轉成感人肺腑的文字，而且提煉至有藝術感染力的層次，說眞的，運用文字，必須是高手。而且是高手中的高高手！

但「高手」這詞彙，很容易讓人誤解。以爲用得愈炫，愈奇，愈酷，愈深奧，就是文字高手。

唐朝詩人李賀，推敲文字，幾近執迷不悟，但整體的詩創作，卻差李白、杜甫極遠。

恰如其分，剛剛好，即使普通的文字，亦能製造驚奇效果。

「黃河之水天上來，奔流到海不復回！」

請問，哪一個字，不一般般？但極爲普普的幾個字，組合起來，立馬氣勢雄偉，意境深遠，厲害吧！

字很普通，意象卻很澎湃，音樂節奏則很跌宕。這就是李白的功力！

在詩詞的歷史上，文字高手不乏其人。因爲詩詞都有格律，都有公式，在一定的韻腳要求下，選適當的字放進去。這的確考驗一位詩人、詞人的能耐。但很多寫詩塡詞的人，或許可以用很恰當或很漂亮的詞彙，卻不一定能傳遞準確的感受給你。

難怪，王國維在評價溫庭筠、韋莊、李後主三人的詞時，會說：溫庭筠「句秀」，很會用詞藻，文句很美；韋莊「骨秀」，就是骨肉，骨架很棒，很有內容，美在內涵；但李後主呢？則是「神秀」，神是指，從精神，氣質，整體散發出來的光采。

了解句秀、骨秀、神秀三者的差異後，我們再回顧一下，是不是有一種感覺，句秀是詞藻賣弄，骨秀是內涵質感，但神秀就幾乎是神人的風采，渾然天成了。但，你若仔細回想，我們所引用的李後主的詞，他的用字，遣詞，造句，幾乎很少艱澀的字眼，或過於難解的意象，對不對？是不是很神！

然而，你讀過他的詞，這些淺淺文字，普通意象，卻又是那麼令你有所感觸，讓你印象如此之深！即便午夜了，在低迴，在沉吟之間，你都還可能不斷的在咀嚼其中滋味。這，就很不簡單了，是不是？

這無疑是李後主，了不起的成就。

淺語有致，淡語有味。

李後主充分發揮了語言愈簡單，感情愈直接，渲染力更強烈的文字工夫。

我們之前比較宋徽宗的〈燕山亭〉，同樣是亡國之君的傷痛，爲何渲染不如李後主？

一句話破解，就是「太造作」了！

同樣是用文字發抒由衷的感情，爲何最終失之於做作？

文字太造作！

什麼樣的文字造作？

轉折太多，語意太複雜，用字遣詞無法轉軌到閱讀者的頻道上時，我們就覺得造作。

我們不妨再讀另一首，李後主痛苦思念故國的知名詞作〈浪淘沙〉。

沒有一句用典故。

沒有一個字，是複雜深奧的。

描述的景，講述的情，都是我們人生體驗裡，很容易發生共鳴的經驗。

但，經過李後主的文字排比後，一下子，化學反應便出來了！

你看，「簾外雨潺潺，春意闌珊。羅衾不耐五更寒。」

很普通吧！下雨了，連下了幾天的春雨，你意態闌珊。好無聊啊～躺在床上好無聊啊～被子遮不住初春清晨的寒冷。

再看，「夢裏不知身是客，一餉貪歡。」

也很容易懂吧！

夜裡做夢，竟然忘了自己身在異國他鄉，還以爲是在自己熟悉的故國故鄉呢，於是安逸地沉浸於享受那些往昔的歡樂。

再看再看，「獨自莫憑闌！無限江山，別時容易見時難。」

夢醒時分，一陣茫然，你也曾有過吧？醒來，才知道一切都是夢，一切都改變了，回不

去了。醒來的你，千萬不要一個人依著欄杆望向故國方向。因爲，離開容易，想要再見，絕無可能了！你愈憑欄眺望，心愈糾結啊～

再看再看再看看，「流水落花春去也，天上人間！」春雨打落花朵，落入水面，隨波而去。流水無情，一如春光逝去，永不回頭。天上，人間，永遠相隔。

春雨，春寒，春夢。

夢裡，夢醒，糾結。

憑欄，眺望，思鄉。

花落，水流，無望。

每一則意象，都簡單不過。每一個字、詞，都沒啥了不得。至少，很多詞人，都是會選用的字眼。但被李後主放進他的調色盤裡，一挪一移，每個字串，立刻有了顏色，多了感情，添了音聲。

你彷彿也是那位被囚禁的帝王，在亡國之痛、懊悔之恨裡，反覆掙扎，難以原諒自己。日以繼夜，無法成眠。

千百年後，小說家張愛玲對用字遣詞，也說了：字是有顏色，有音符，會跳舞的。

當然也會，深深拉住你，在時代的夾縫中，沉吟。

19

世上如儂有幾人。唯有不快樂的皇帝會羨慕漁父啊

讀李後主的詞，我們會不知不覺被渲染，好像他的每個句子，都有一種魔幻的吸引力。可是，他的詞又是那麼的容易理解，一點不炫耀文采。

但如果你稍微認眞的去比對一下，李後主還在南唐做小皇帝時寫的詞，會發現他的文字有一段時期，還是相對比較「華麗的」。只是在華麗中，已經顯現一些不安的蒼涼感。那是作家敏感的心思，對周遭世界敏銳的觸覺。

畢竟，他從父親中主李璟手上接下皇位時，深深明白，這是一條不歸路了。

他無力可回天，只能坐視局勢日愈惡化。但人又是一種很奇特的動物，總會希望有奇蹟，有契機。於是，就在那樣的，反覆的，如洗三溫暖一樣的心情下，李後主在南唐時期的詞，也跟著反覆，反覆，反覆。

看得出，他時而能忘卻現實。但時而，又被拉回現實。

這應該是一種非常茫然的意識與心境吧！

聽說，同樣亡國的隋煬帝楊廣，人在江南滯留不歸時，他父親打下的江山，已經四處烽火，地動山搖了。他在南方行宮裡，並不是不知道，自己快完蛋了。但他的選擇是，繼續玩樂，繼續更揮霍的玩樂，因爲到底是明天先來，還是腦袋先被摘掉，誰也不能預先告訴他答案。

有一晚，他對著鏡子，自戀地看著自己，對他的愛妃說，眞可惜啊～這麼好的一顆頭顱，不知道會給誰砍了去?!

可見，末代帝王，對自己的命運，並非無預感的。

你問，那爲何坐視事態就往最糟糕的方向去發展呢？不能有所作爲嗎？

很抱歉，從後見之明來看，有時「努力」眞是幾乎沒有什麼用的，徒然像「掙扎」而已。

宋太祖調侃李後主，說他若多花心思在國政上，少寫那些風花雪月，南唐亦不至於亡國。

這話，完全是風涼話，是占了便宜還賣乖。

就算李後主勵精圖治，他也難以挽救南唐的命運，最多只是讓宋朝的攻伐，更爲吃力、費力一些罷了。然而，一旦如此，受苦受難的民衆，會不會付出更多的代價呢？

不太掙扎的李後主投降後，被封爲「違命侯」，已經是羞辱了。如果他死命掙扎、抵抗的話，命運會不會更慘？我們會不會連他日後困居汴京的一些重要詞，都沒機會看到？

從當時國力對比來講，北方連年征戰。「五代」一代換一代，很會打仗。所謂「五代十國」，「五代」是彼此更替的，後梁、後唐、後晉、後漢、後周，最後趙匡胤被「黃袍加身」，取後周而代之。宋朝大致取得北方統一。

而「十國」呢？

南方九國，雖也有攻伐，但僅限於局部，大致都同時並存。不像五代，是有你無我的零和遊戲。

這就意味了，南方相對和平，人民生活水平相對較高。而承平時日較久，軍隊的戰鬥力，較之於北方，當然差一大截。這就是何以南唐中主時，與北方的戰爭只輸不贏！

這也是何以，南唐的開國君主李昪過世時，咬痛兒子李璟的手指，要他不要隨便興兵動武，要對「北方有事」高度警覺！

尤其是，李璟對北方戰敗後，割地賠款納貢，國力大損。國土失去大半，等於人丁失去，等於稅賦失去。以半殘之軀，還要添加納貢送禮的負擔，更加壓迫得南唐喘不過氣來。

試想，這樣的南唐憑什麼，還能跟宋朝對幹？

李後主雖沒有治國的長才，但他並不笨。他沒有「隔江猶唱後庭花」的陳後主，那麼昏庸；也沒有隋煬帝那麼淫虐放縱。他只是在現實處境下，找不到出路，因而苦悶，因而時時露出反覆的心情而已。

李後主在南唐的詞，雖然有非常浪漫的調情，有非常宮廷歡愉的鋪陳，但也有不經意間，「逃避現實」的無奈。

兩闋〈漁父〉，便很清楚。好好一位皇帝，幹嘛去羨慕漁父呢？

第一首，「浪花有意千重雪，桃李無言一隊春。一壺酒，一竿身，世上如儂有幾人？」

人在何時，何種心情下，會投射自身際遇於大自然呢？

這種移情效果，最能突顯作者的心境。漁夫哪裡有像皇帝你以爲的那般快活，那般閑雅呢？浪花，對漁夫是風險。桃李，對漁夫不過是風景，哪那麼多意義啊～漁家經濟拮据，一壺酒，不得已，只能這麼多。一釣竿，是吃飯傢伙，你皇帝幹嘛羨慕我？但唯有想脫掉帝位枷鎖的李後主，才會投寄自己「陷入小朝廷」的不自由，去想像漁父的自由自在。

再看，第二首，「一櫂春風一葉舟，一綸繭縷一輕鉤。花滿渚，酒滿甌，萬頃波中得自由。」

漁夫划舟釣魚，用槳，穿簑衣，都是必備道具。每次捕魚，只在意收穫多少，哪能注意沙洲上花枝招展，酒壺內好酒滿瓶，碧波中的自由自在呢？

這無疑是李後主在宮廷歡宴後，酒醒時分，回到現實，想到南唐無可逆轉的未來時，苦無對策的逃避。

若能乘一葉小舟，浮泛於天地之間，那有多好啊。

但，怎麼可能呢？

歷史上，末代皇帝多數是悲哀的。
難怪亡國之際，崇禎皇帝要流淚揮劍砍他的女兒：妳的不幸，是生在帝王之家啊。

20

至今，我們得以一窺南唐的優雅細緻，是因為〈韓熙載夜宴圖〉！

李後主在汴京，仰頭感嘆「春花秋葉何時了，往事知多少」時，他的往事畫面中，會出現已經過世的大臣韓熙載嗎？

他會不會感嘆，韓熙載眞是命好啊～吃喝玩樂一輩子，竟在南唐亡國之前，便走了，不必淪爲階下囚，不必忍受貳臣的悲哀，也不必看到李後主本人的困窘，多好啊～

如果說，李後主確曾覺得當小皇帝，遠不如當一位漁父來得自由自在，痛快得多。那，南唐小朝廷裡，有這樣感觸的大臣，恐怕也不少。韓熙載，應該就是其中一位。

李後主倘若有過一天算一天的心態，那他的大臣們難道不會有嗎？

南唐在中國繪畫史上，留下一幅極爲知名的畫作〈韓熙載夜宴圖〉，記錄了南唐卡關於力圖振作不成，投降亡國又不甘心的鬱悶處境。而韓熙載這位五代十國的名臣，他本身的故事，無疑是那混亂年代的縮影。

韓熙載活了六十九歲。

他過世於西元九七〇年。很幸運的，躲過了亡國之臣的羞辱。因爲五年後，宋朝大軍南下，亡了南唐。

昔日偷偷派人去韓熙載府邸，觀察他的私生活，並畫成一幅夜宴圖的，就是李後主，韓熙載在南唐的第三位老闆。

整個五代十國，從頭到尾，不過是五十三年。韓熙載活了近七十歲，當然親眼目睹唐朝末年之後，到他過世前的混沌與亂世。他之所以是五代十國的名臣，當然因爲他才華橫溢，文章、書法、音律、治世經典無一不通。他從北方中原避難南方，是懷抱撥亂反正的雄心。但他到了南唐，發展得並不順遂。

他確實知名度高，但知名度也妨礙了他的仕途。

他經歷了南唐三位國君，先主李昪沒重用他。中主李璟用了他，但他一方面書生論政，得罪朝中權貴，升遷受阻；再者，南唐國勢衰退最關鍵的人物就是中主李璟，他忘了父親一再告誡不要隨便興兵，發動了對北方後周的用兵，韓熙載力勸中主所用之將不對，李璟沒採納，結果一連串兵敗，還迫使李璟倉皇遷都。

這些挫敗，最終導致南唐喪失半壁江山，從此一蹶不振。李璟也鬱鬱以終。

李後主上台後，主觀上，他不是善於治國之君。客觀上，南唐最好的時光已經消逝。這時，韓熙載也似乎喪失了他年輕時，想治國平天下的抱負了。

韓熙載有沒有輔佐皇帝的治國長才，從歷史上看，我們後人真還不知道！但他年輕時，確實有一番雄心，這倒是事實。

史書上有記載，韓熙載從北方逃至南方時，路經他一位好友居住的區域。他好友叫李谷。李谷也是是五代名臣，後來做過後周的宰相。

兩人分手時，酒酣耳熱，年輕人豪情壯志。韓熙載說，南方若用他做宰相，他必長驅以定中原。而李谷則回應，如果中原用他做宰相，他平定南方將如探囊取物。

可以想見，兩位年輕人，說完必定擊杯豪飲，說以後看誰先出頭！

後來，李谷確實當了後周宰相，就是他幫後周擊敗南唐，奪走大片土地。
而韓熙載呢？則浮浮沉沉，並無機會拜相決策中樞。
人是不能一直消磨志氣的。
韓熙載不得志的狀況，到了李後主登基時，看似有了轉機。
李後主對他另眼相待。

但韓熙載雖然志向高遠，可是他非常名士派，出手闊綽，很重視生活享受。他的府邸，可謂當時南唐高官與文人雅士很愛聚集的地方。也因此，李後主對他私生活不檢點，生活奢靡享樂的傳聞，亦時有所聞。在到底要不要重用韓熙載這件事上，李後主陷入了前思後想的猶豫。

怎麼辦呢？
他想了一個點子。
派人去夜探韓熙載，看看他到底在豪宅裡，是怎麼過夜生活的！
派誰去呢？

李後主當然沒有後來的明朝皇帝那麼狠，派錦衣衛去。而是，派了一位可以媲美現代「狗仔隊」的高手去。

現代狗仔隊，厲害在哪？

口說無憑，有圖有證據。

他派了一位宮廷畫師去。

這位畫師，應該不只去了一次。

這位畫師也眞厲害。在沒有攝影機、照相機、手機拍照的年代。他也不能當著韓熙載的面，說我要採訪你，我要跟拍，我要貼身採訪。

我完全不知道他是怎麼做紀錄、做寫眞的，但他絕對是個高手中的高手。

因爲他畫出了〈韓熙載夜宴圖〉。

他是南唐宮廷畫師的一把手，他叫顧閎中。

他有多厲害呢？

他畫出的〈夜宴圖〉，不僅讓韓熙載不可能拜相，也讓南唐眞正是文化精緻的傳承，得到了證明。更讓李後主所謂的文藝全才，得到一個佐證。但，他也留下一個伏筆，什麼伏筆呢？
不急，我帶你慢慢看。

21

一幅〈夜宴圖〉，訴盡了韓熙載的祕密，道盡了南唐的風華

李後主身陷大宋的國都汴京，屈辱地接下「違命侯」，吃喝穿用所有開銷都要看皇帝的臉色。

可以想像，他的苦悶。

除了喝酒，填詞，或者讀書，發呆之外，他能做什麼呢？最自由的，莫過於回想往事了。只要想在腦袋裡，不說出來，或不寫出來，誰知道呢？

當然李後主最終死於非命，還是因爲他把心思念頭寫出來了！

他會想到韓熙載，很合理。

他一度是考慮讓韓熙載拜相的。讓他來挽救南唐愈來愈衰弱的國勢。而韓熙載也曾經是

抱負滿滿的。可是，李後主身旁的人，力勸他不可。他們說，韓熙載奢靡荒唐，已經老了，不堪大用了。

李後主怎會不知韓熙載老了，但年齡不是問題，老臣謀國嘛，重點在，他必須志在千里，不是嗎？

於是，李後主想到一個辦法，找一位畫師顧閎中，去韓府探探底。看看這韓熙載到底是怎樣奢靡虛華度日的。

顧閎中用了多久時間，不詳。但他畫出了一幅了不得的大畫，這是眞的。

這是一幅絹畫。畫在絹帛上。全長是三百三十五．五公分，寬是二十八．七公分。

畫上，分五個場景。

由於這是一幅卷軸，我們必須從卷軸的概念入手，才容易理解這畫的邏輯。

顧閎中爲了把韓熙載的夜生活，鉅細靡遺地報告給李後主，可謂費了相當的心思。

卷軸，是傳統中國繪畫的一門獨特表現手法。把卷軸一一舒展開來時，它本身就是一個時間軸。甚至，是不同場景的切換、轉場。

不了解這，我們看卷軸便會納悶：怎麼時空這麼混亂？怎麼有些人一再重複出現？顧閎中是不是很厲害的密探，不得而知。但，他畫出來的〈夜宴圖〉超厲害。

這圖有五個場景。

韓熙載在現場。

第一個場景，賓客們或站或立，樂伎彈奏琵琶。畫面上，看得出南唐的官服保留了唐朝的樣式，也等於說明南唐是以繼承「大唐」做爲政治號召的。

他坐在坐榻上，視線投向表演琵琶的女子。但引人好奇的是，他的臉很淡漠。琵琶演奏什麼樂曲？我們不得而知。但推測，既然迎賓，總不會是哀怨曲目吧！韓熙載幹嘛一副漫不經心的神態呢？做主人的，沒必要裝酷吧！

我賣個關子，我們慢慢沿著卷軸，慢慢看。

一幅畫，伏筆了南唐的國運。

一幅卷軸上，說一整晚韓熙載的豪門宴。

如果是西畫的畫風，會從單一視角縱貫宴會全貌，遠近大小，有清楚的視差。可是，你看〈韓熙載夜宴圖〉，無法從現在我們接受的西洋繪畫觀點切入。

一幅平行的卷軸，是時間序列的推陳，是空間結構的並立。

〈夜宴圖〉第一景，韓熙載陪賓客一塊欣賞琵琶演奏。他一臉茫然。

第二景呢？

他換了件寬鬆袍子，幹嘛呢？

他的寵伎王屋山上場了。

韓熙載非常寵愛她。

畫面上，她擺了一個舞姿，後人考證，她跳的是〈六么〉舞，也就是，唐詩裡常見的〈綠腰〉舞。韓熙載親自爲她擊羯鼓。

賓客有人在一旁起鬨，擊掌助興，我們固然無法從畫面上，聽到現場的擊鼓聲，助興叫喊聲，但畫面之生動，千百年後，依然可以讓我們聯想到現場的激動熱鬧。但要注意，韓熙載的表情，還是很漠然。

第二景裡，有一位僧人。這僧人在南唐蠻有名氣的，叫德明和尚。日後，南唐要亡國前，宋軍兵臨城下時，李後主還在聽這位和尚講經，來撫平自己的恐懼不安。
第一景到第二景，是用一張床榻做區隔。
跳到第二景，空間換了，時間也往夜裡移動了。
第三景，是隔了一道屏風。
舞蹈，擊鼓，表演告一段落。
韓熙載入內更衣，休憩。
他坐在榻上，畫面上，數一數，有七位女侍在服侍他。
你不必驚訝，歷史記載，韓熙載府內蓄養的伎妾最多時超過百餘人！
一間內室，七位女侍服侍他，看來非常寫實。這一方面顯示韓熙載的奢華，又何嘗不顯示南唐的繁榮呢？
休息過後，晚宴另一段高峰開始。
第四景，韓熙載換了更爲輕鬆的服裝出場。
他袒露肚子，輕搖方扇，在跟一位女侍說話。
畫面上，五位美麗的管樂手組成的室內管樂團，正神情愉悅地吹奏。旁邊坐著一位男士手執拍板，顯然在指揮這支女子管樂團。他就是南唐有名的樂師，教坊副使李家明。

這人，以後還會在李後主的記憶裡，一再浮現。因爲「最是倉皇辭廟日，教坊猶奏別離歌」，那教坊樂隊臨別的哀歌，仍然是由李家明指揮的。

終於，第五景了。

夜宴還是要結束的。

韓熙載親自送客。他揮手致意。有的賓客流連不去；有的，還纏著美麗女侍；有的，明顯往外走了，還有女侍隔著屏風，對賓客款款細語。

這裡面。還是有故事的。

韓熙載終其一生，當不了宰相，看來這幅〈夜宴圖〉說明了一切。但，他日子過這麼好，他夜夜可以笙歌，他爲何還是一副「我，好不快樂啊～」的要死不活一張撲克臉呢？

他的心思我再慢慢告訴你吧。

不知人在汴京的李後主，後來想明白了嗎？

22

別是一般滋味在心頭。

李後主竟把韓熙載葬在謝安的墓旁?!

李後主在汴京時，短短不到三年時光，經歷了兩位宋朝開國的皇帝兄弟檔：宋太祖、宋太宗。

兩位皇帝都對他不甚友善，甚至常常藉故羞辱他。

他之所以經常以淚洗面，也因爲畢竟曾經是南唐國君，幾曾這樣被兩位皇帝當著滿朝文武，當面羞辱呢？

他以淚洗面時，會怨尤韓熙載嗎？

這位年輕時，從北方，渡江投奔南方，立志要北伐中原，封侯拜相的南唐名臣。

爲何，當李後主想要讓韓熙載承擔更多的挽救國家於水火之中的重責時，韓熙載採取了

「逃避」的動作呢？

韓熙載想做亡國之臣嗎？

韓熙載願意他的主子，能跟他一塊談詩論詞，一起討論音律，品評教坊作品的君主，日後淪爲階下之囚嗎？

如果不，那爲何當時韓熙載寧可選擇過他看似沒有明天的奢靡生活，而不願選擇承擔呢？

李後主在深夜不寐的長宵，仰頭，望向南方天際時，他若心思稍微通澈，他若在淚眼婆娑之間，能再冷靜一些回想往事時，他或許會回想出一點線索的。因爲在畫師顧閎中畫給他的〈韓熙載夜宴圖〉裡，儘管笙歌夜夜，儘管賓客喧譁，儘管美女如雲，但做爲主人的韓熙載，卻始終一張若有所思、心不在焉的淡漠神情。

他在擔心李後主對他的偵刺嗎？

不會。他知道李後主的厚道並非猜疑之君。

他在擔心這樣奢華的日子撐不久嗎？

部分原因是。因爲，他雖然書畫知名，連遠方國度都有人慕名，以高價購買他的作品，因而有本錢過好日子，他的財力卻是有點入不敷出的困窘了，但這並不是他最擔心的事。

他最擔心的，是李後主竟然還看不出南唐的國運已頹，來日不多，而仍想有什麼困獸猶鬥之舉嗎？不然，爲何李後主想要再起用他，於日薄西山之際呢？不僅對他這位老臣，已經是人生暮年了。即便對南唐，又何嘗不是夕陽無限好的最後時光呢？而他，更爲感嘆的是，如果李後主眞想有何作爲，他又怎可能，只寄望於挑一位老臣，給一個名義上的高位，就天眞的以爲力可回天呢？

欸，他默默地嘆了一口氣，在退朝之後，疲憊的回到他的府邸。換了便服，上了老酒，默默地喝了幾盅。

他又嘆了好幾口的氣。

他寵愛的歌伎王屋山貼心地靠過來，一抹年輕女子的柔媚，稍稍撫平了他的憂愁，撩起了他的歡顏。

「跳一支舞，給我看看吧！」

王屋山輕柔、溫婉地跳了一支沒有樂音搭配的〈六么〉。

在人前跳，是表演。

在心疼自己的男人面前獨舞，是愛憐。

王屋山或許不很明白，究竟這位南唐人稱才子的大官人，眉頭爲何緊鎖？但她知道，如果這一切都將在不久的將來，化爲泡影，那此刻的爲愛人獨舞的幸福，無疑，便是永恆了。

她於是認眞地跳。曼妙的舞姿，或許讓韓熙載曾想起唐朝詩人寫過的，一首詠讚〈六么〉的詩句：「南國有佳人，輕盈綠腰舞。……惟愁捉不住，飛去逐驚鴻。」

一切，都將是枉然！

在大歷史的狂濤中。

李後主看了顧閎中畫的〈韓熙載夜宴圖〉之後，心情一定很不好。

韓熙載果然日夜笙歌，萎靡度日。且不說他有沒有意願，扛起責任。單是要不要起用他，就可能在朝中激起黨派的對峙。

李後主的時期，國力雖不振，文武百官的派系鬥爭，可一點不馬虎。韓熙載恃才傲物，本來就容易得罪人。他不加檢點，舉債揮霍，更是授人以柄，沒事給看不順眼他的人，平白找到很多理由攻擊他、檢舉他。

但爲何，等了三位君主，才等到可以拜相，掌握決策大權的機會，韓熙載卻寧可放棄呢？〈夜宴圖〉裡，雖然韓熙載從頭到尾都以主人身分，招待賓客，看似賓主盡歡。然而他的神情肅穆，甚至失神、茫然，彷彿一切的歡樂，不過是讓賓客們開心而已。而他則是看透了這一切的虛無，這一切的枉然。

是啊，南宋時，另一位愛國詩人陸游，在他的《南唐書》裡就認爲，韓熙載已經看出北方興起的後周、宋朝，國力強大，對江南勢在必得。南唐的頹勢，任何人都無法挽回了。接受李後主的重託，於事無補，反而把自己拖累進去。但，他又確實曾經胸懷大志，這樣的逃避，不是他的初衷啊！

鬱鬱寡歡，強顏歡笑，便成了韓熙載在〈夜宴圖〉中，無可奈何的表情了。

韓熙載幸運的在南唐亡國之前，便與世長辭了。李後主厚葬他，墓塚就選在東晉名臣謝安的墓旁。

說來諷刺。謝安在淝水之戰，爲東晉保留了畫江而治的一線生機。

但，韓熙載呢？

徒留下〈夜宴圖〉裡，茫然若失的神情。

他辭世五年後，南唐滅亡。

李後主僅能在月夜裡，「無言獨上西樓，月如鈎。寂寞梧桐深院鎖凊秋」、「別是一般滋味在心頭」了。

23

黃昏獨倚闌。拋開正統史觀，南唐自有熠熠光采。可惜李後主是看不到的

李後主跪在「明德樓」前，白衣，素袍，向宋太祖歸降時，他內心肯定百感交集。

他應該明白，他今生今世，再也回不去了。

他想過以後的歷史，怎麼寫他嗎？

無能之君。

敗戰之君。

亡國之君。

而且，還不能「以死殉國」！

他只能揣想，莫過於此吧！

但《舊五代史》很狠，直接把十國裡，凡稱帝的，都貶爲「僭僞列傳」，南唐當然逃不了。列傳只能是大臣嬪妃，連諸侯都不算。《新五代史》稍稍客氣，但也僅以「世家」定位。

《舊五代史》南唐列傳，只寫到李昪、李璟，沒有李後主。李後主被寫進宋史裡。《新五代史》寫到李後主，但入宋的部分不寫。

換句話說，就不把你李後主完整放進南唐就是了。

爲何新舊五代史，會如此定位？

這要從中國史家的傳統去了解。也不能忽視，傳統王朝興替，慣見的「正統情結」。其實，這是非常糟糕的史觀，使得我們後人，不易從「刻意挑選的」歷史脈絡中，對人與事做出正確的評價。

宋朝，或說北宋，是趙匡胤借「陳橋兵變」，而「黃袍加身」，當上皇帝的。因而，他的政權正當性，是繼承北方中原的政權更替。於是，唐朝滅亡後，在中原相繼更迭的北方政權，後梁、後唐、後晉、後漢、後周，便被視爲正統。而在五代之外，其他存在的政權，則被視爲僭越，或地方割據。

但事實上呢？

五代十國的紛亂，主戰場就在北方中原。

五代的國祚，最短命的，是後漢，三年多，換了兩個君主。最長命的，是後梁，十七年，四個皇帝。

試想，這麼快改朝換代，怎麼可能談建樹？

何況，五代的王位之爭，常常是血腥暴力，骨肉相殘，貴族朝不保夕，大臣人心惶惶，百姓生靈塗炭，哪還談得上什麼人文建設、經濟民生呢？

反倒是，像南唐這樣的小朝廷，前後維持了近四十年。只經歷三位皇帝。而且，沒有繼承權的大亂鬥。因而，政權確實是相對穩定很多。加上，南唐三位國君，都重視文教，珍藏圖書，蒐羅書畫，建立教坊，網羅畫師。於是一時之間，南唐成了文化重鎮。成了北方戰亂下，人們往南逃難，或尋求苟安的園地。

宋朝雖然最終滅了南唐，可是，汴京皇城，裡頭留下多少「文化資產」，是來自南唐，來自南方呢？

五代政權輪替，「君王唯兵強馬壯者得之」，幾乎沒什麼帝王，是有高度文化修養的。

可是，南唐恰恰相反。

南唐從先主李昇，中主李璟，到後主李煜，三人都擅長書法。尤其中主李璟，更是對兒子李煜教導有方，使得李後主的書法有相當造詣。

書畫一家，連帶的，李後主的畫，在宋代就常被書畫名家，如米芾，不時論及，而且皇宮裡收藏有李後主的畫。更別說，由於上有所好，下必從之，南唐三位國主對藝文的雅好，促成當時逃避中原戰禍的文人雅士，紛紛往南唐投奔，亦促成了南唐文化土壤的迅速堆疊。大周皇后的補闋〈霓裳羽衣曲〉，畫師顧閎中的繪畫〈韓熙載夜宴圖〉，中主後主兩人留下的《南唐二主詞》，都是南唐高雅文化，從上而下的證明。

北宋滅亡南唐後，把南唐書庫的收藏搬進汴京皇城，成爲宋太祖驕傲的展示；南唐建立的畫院、培養的畫師，被帶至汴京，爲日後的北宋繪畫墊下根基等等，莫不說明了，南唐的存在價值，並不能以國家消滅等同視之。

宋朝，看似繼承北方政權的更迭，實則它的文化基業，很大一部分是從南唐移植而來。我們看歷史，如果跟著所謂正統史觀走，不但狹隘，甚且往往就看不到，歷史眞實的移動軌跡了。

然而，南唐最後的階段，坐困愁城、愁眉不展的李後主，也許已經預料了未來的命運，但他幾乎沒有辦法去改變。韓熙載已經過世了，他想要寄望的大臣，無一能堪大用。甚至啊，連他心愛的弟弟，封爲鄭王的十二弟，李從善，被他派去汴京朝貢，竟然都讓宋太祖扣留爲人質！這是擺明的羞辱，但他能怎樣呢？

他苦苦哀求，竟換來北方政權的冷眼以對！這豈不是很大的警訊嗎？來日不多了。

文獻記載，李後主與他的弟弟們感情很好，完全不是五代十國裡常見的父子相殘，兄弟鬩牆，爭權奪利。

李從善被留置北方後，李後主宣布宮內罷宴，多日悶悶不樂。鬱悶中，他寫下了〈阮郎歸〉：

東風吹水日銜山，春來長是閑。落花狼籍酒闌珊，笙歌醉夢間。

珮聲悄，晚妝殘，憑誰整翠鬟？留連光景惜朱顏，黃昏獨倚闌。

前半闋是講雖然日子依舊，但在笙歌酒席之間，卻完全失去了歡愉的心情，因爲，心愛的弟弟回不來了。

後半闋則說，一切都失去了原來的面貌，陷入孤獨愁苦的樣態。只能一個人倚靠欄杆望向黃昏夕陽，念著親愛的弟弟。

北方強權，步步進逼。

戰，毫無實力可戰。和，只換來更多屈辱。

這位南唐國主，只能終日悲憤。

後主的弟弟被留置汴京當人質，他的弟妃屢屢向他哭訴。但李後主能怎麼辦呢？他連江山都岌岌可危了，他還能怎麼救他弟弟呢？

最終，每次當他弟妃又來哭訴時，他就悄悄躲開。既避免尷尬，也避免自己的無能被公然踐踏。直到，他的弟妃憂忿而卒。

李後主在南唐最後的幾年，日子應該也不好過。

長年對北方強權的納貢稱臣，捐輸換取短暫的和平，早已讓南唐的財政枯竭，民間物價高漲，但李後主毫無積極作爲。還好，他不是橫徵暴斂，生性殘暴的君王，因此到他失國殞命於汴京時，南方故國的民衆，對他仍有懷念的感情。

這也許，可以稍稍慰藉他的亡魂吧！

「留連光景惜朱顏，黃昏獨倚闌。」

皇帝做到這等落寞，眞是不堪啊～

然而，李後主的悲慘，還在後頭。

24

李後主為何能讓詞，從「伶工之詞」變為「士大夫之詞」？

李後主的詞，相較於北宋，詞的輝煌年代，是不如蘇東坡的豪放揮灑。但，若比之於，南宋詞人過度的雕琢，則明顯勝出於他的清新、自在，與渾然天成。

王國維說，詞到了李後主的手裡，才從「伶工之詞」，轉變爲「士大夫之詞」。這是對李後主的詞，非常之高的評價。

而轉變的關鍵在哪呢？

在「眼界始大，感慨遂深」。

我們若仔細觀察李後主留下的，爲數不算多的詞，會發現他的詞風，雖然是以國破家亡爲轉折，入宋淪爲俘虜後，在傷痛，懊悔之下，詞風爲之丕變，方有所謂「士大夫之詞」

的風格。不過，始終沒變的是，他細緻、敏感的氣質，與文字的靈動活潑。早在南唐小朝廷裡，當小皇帝的委屈與壓迫感的日漸加深，都在他的詞裡，流露出眞摯的感受。

詞，是唐詩發展到鼎盛，落入後繼乏力之際，創作另求出路的新嘗試。盛唐一代，連李白都寫過幾首傳世的詞，但主力仍在詩。

詞，是在唐朝末年，轉進五代十國，在南方的後蜀，南唐，得到進一步醞釀。後蜀的《花間集》不脫豔詞風格，但到了南唐二主、馮延巳時，詞則顯現更多的新風格，感時憂國的深度，把詞推到了更高的境界。

尤其，當李後主淪爲階下囚，自由奔放的靈魂，被緊緊壓迫後，釋放出的詞的能量，確實把詞拉高到士大夫的憂患意識，使得「詞」晉階到足以讓士大夫，可以憑藉爲靈魂之寄託的新文類，已經足堪與唐詩比肩而行了。

在詞的轉化過程中，何以李後主那麼重要？

「伶工之詞」到「士大夫之詞」，何以讓詞的境界，差異這麼大？我們只要想想看，當詞在伶工階段，不過是用來在娛樂場合，讓樂伎舞孃隨音樂起舞唱歌助興的「歌詞」，酒酣耳熱之際，沒人把它視爲人的內在心靈的一扇窗，也沒人視之爲是洞察人的內在靈魂的指針。但詞到了南唐二主，與他們的文臣雅士手裡，卻大大不同了。馮延巳的〈鵲踏枝〉，「雨橫風狂三月暮，門掩黃昏，無計留春住。淚眼問花花不語，亂紅飛過鞦韆去。」看似描寫人對流光飛逝的無可奈何，但何嘗不是傳遞士大夫在南唐國勢蹇困之下的借題發揮？

南唐中主李璟的〈攤破浣溪沙〉，「菡萏香銷翠葉殘，西風愁起綠波間。」明著寫夏去秋來，荷花凋零，景物蕭瑟，但不也表露了一個帝王坐困愁城的感傷嗎？

這些例子，都說明了，詞在南唐時期，已經讓文人士大夫，可以用它來感嘆，來傾吐，來宣洩內在心靈的流動，而非觥籌交錯的應酬文字而已。

詞的發展歷程，若透過大歷史的軌跡看，從唐詩的配角「詩餘」，演進到後蜀的《花間集》的纖濃豔麗，再進化爲南唐的君臣之間，以詞做爲感時憂國的工具，其實，已經距離

「士大夫之詞」不遠了。

換句話說，詞要掙脫「詩餘」這種被詩人瞧不起的文類，一方面是有文類本身長期演進的歷程，另方面也是騷人墨客不斷努力的結晶。

但李後主爲何那麼關鍵？

扮演了王國維所說的，從「伶工之詞」變爲「士大夫之詞」的樞紐？他身世的巨變，當然是解答，但亡國之君何其多，不是每個人都有能耐在歷史境遇中，成爲一代文豪，一代詞宗啊！不是嗎？

答案，還是要回到他，李後主「個人條件」上去看，才不至於流於空泛。

李後主個人的氣質，細膩，溫婉，善良，善於應用「文字」，來表達他的心思，絕對才是關鍵。

他在小朝廷時期，雖然詞風還在摸索，詞的主題多半圍繞個人周遭感情世界的小確幸。可是，他文字的清新，意象的活潑，已經很具備脫俗的水準了。這當然跟他父親中主李璟的栽培有關。也跟他身邊，包括馮延巳、韓熙載這些名臣的長期相處，相濡以沫，關係很深。

我們看他寫的〈菩薩蠻〉，「剗襪步香堦，手提金縷鞋。畫堂南畔見，一向偎人顫。奴爲出來難，教郎恣意憐。」把小女人的害羞，膽怯，卻又勇敢約會的畫面，完全寫活了。這種文字駕馭能力，這種畫面捕捉的精準，已經顯示他在自身生命遭到極重的打擊後，若還有寫作的自由空間，他是有能力可以把他內心的痛苦與創傷，用文字披露出來的！

所以王國維才會說，詞到了李後主，才有「伶工之詞」而爲「士大夫之詞」的轉變。因爲李後主「眼界始大，感慨遂深」。這眼界，是從小朝廷的皇帝，墜落地獄，變身階下囚。這感慨，是天堂與地獄的差距，不僅令他痛苦萬端，亦且讓他能夠明白，人的際遇，可以落差如此之大！而且，幾乎也沒什麼天理可言。他既不是什麼暴君，更不是什麼壞人，爲何要遭到命運如此之大的懲罰呢？

這樣的「感慨遂深」迫使他，一個能夠熟練運用「詞」這個新文類的他，就在詞的創作上，走出了更進一步，貼近人類痛苦的頻率。

「自是人生長恨水長東」，多痛的體悟。

「流水落花春去也，天上人間」，多沉的感傷。

詞句裡多不是什麼深澀的字眼，但淺白中，卻讓多少人聞之而躊躇，而踟躕。這就是李後主厲害的地方。

詞，到底有多美，有多文學性？

王國維有一段有趣的評論。

「詞之爲體，要眇宜修。能言詩之所不能言，而不能盡言詩之所能言。詩之境闊，詞之言長。」

要眇，用來形容女子美麗。

宜修，是指女子妝扮恰好得宜。

用女人之美，來代言解釋詞的特性，或許不合現在的女權意識，但卻點出了唐詩與宋詞的個性。

詩，以壯闊寬宏見長。

詞，則擅長深遠幽美。

因而詩可以抒情論理。但，詞只適合情感的發抒。

被關在汴京，做宋朝俘虜的李後主，正是在「眼界始開，感慨遂深」的重大打擊下，以詞的溫婉、深幽，爲我們開出了詞的「士大夫之路」，讓詞在兩宋蔚爲足以與唐詩抗衡的新文類。

25

李後主把詞當成了「靈魂之窗」，開出了「士大夫之詞」的新意境！（上）

我們做文青的，不管老少世代如何，年輕時總愛讀點詩，甚或寫點詩。但隨著歲月增長，生活忙碌，很多年輕時寫詩的人往往便停筆了。可是，仍然有一些奮發圖強的詩人，能隨著人生的步履，在不同階段，持續地寫，寫不同風格、不同關切主題的詩。

此之謂「詩人」吧！

眞正的詩人。

爲什麼，這些詩人能持續地寫？不因歲月的消磨感性，不因人生路途的折磨心靈，而輟筆？

我的詩人老友羅智成，有一回接受我訪問時，說得好。

「把寫詩，當成一輩子思索的工具，就不會寫不下去了。除非，你停止思索了。」說得多好啊！

寫詩，不能只靠感性。或者說，感性要發抒得好，靠的仍是對生活的體認與運用文字的功力。

功力，是天分，更是努力經營的成效。

我們的心靈世界，也許很複雜深邃，但無法用文字表達出來，無疑是一大遺憾，因爲沒人能知道你有多深思，有多麼會思索！

感情的披露，也許可以藉由肢體，讓旁人感受。然而，感情要向外傳遞，唯有靠語言、文字，方得以蔓延、感染到遠方，傳遞給更多無法與你直接接觸的人。

我們至今，能夠與千百年前的人感情相通，不就是藉由文字嗎？

風蕭蕭兮易水寒。荊軻的刺秦。

虞兮虞兮奈若何。霸王的別姬。

後之視今亦猶今之視昔。王羲之的曠達。

與爾同銷萬古愁。李白的寂寞。

春花秋葉何時了。李後主的體悟。

人生若只如初見。納蘭性德的感懷。

正是文字搭起了人的心靈與外在世界的橋梁，而我們這些旁觀者，這些異代的旁觀者，才得以經由文字，去窺探了千古以來不變的人性，相近的情懷。

誰說，文字不重要？

誰說，文字所經營出來的世界，不偉大呢？

王國維說：「詞至李後主而眼界始大，感慨遂深，遂變伶工之詞而爲士大夫之詞。」

這評價，從歷史的脈絡來看，也很有意思。

因爲宋朝，北宋南宋三百餘年，正是詞的發展最高峰階段。

唐詩，宋詞，元曲，雖然不無斷章取義的武斷風險，可是，大致可以說明詩詞曲的發展，確實有它們各自的歷史階段特色。

但，宋朝何以是詞的高峰？或者說，爲何宋朝提供了詞，得以發展至高峰的土壤？

王國維的「士大夫之詞」，值得我們進一步去了解。

詞在晚唐，五代，不免是「伶工之詞」，因爲當時詞是爲娛樂場合的音樂，所填寫的歌詞。

娛樂場合，觥籌交錯，杯盞碰撞，男歡女愛，賓主盡歡，誰會那麼掃興，盡唱些感時憂國的歌曲呢？於是，伶工之詞，很自然是男女調笑、香豔妖嬈、異性相思等等內容。無非是把酒言歡、助興歡愉的功效。但酒酣耳熱、燈火闌珊之際，歌詞觸及人生苦短，不如一餉貪歡的流光感觸，亦是合理的推論。

而且，詞的特色，在於它掙脫了詩的五言、七言、絕句、律詩的形式限制，有了「長短句」的變化。因爲它是先有「曲」，再填上「詞」，因而不同的曲，需要的詞也不同，但也發展出其規律，亦即「詞牌」。比如說：〈虞美人〉就是一首曲，你可以依照它的韻，填字進去。

正因爲有公式可循，因而人人可填。但你的感觸，我的感觸，不會完全一樣。於是，同一首曲，會填寫出不同的詞的意境。換言之，填詞之人，就可以依據一闋詞牌的規則，把自己的心跡，透過符合規定的字，填進詞牌裡。整個過程，大致像是流行歌曲的作詞人，拿到一首歌的 Demo 帶，依據音樂性，填寫歌詞一樣。

伶工之詞，指的是一般應付應酬場合的音樂，其歌詞不外乎應酬所需，即便達官貴人、文人雅士參與這些場合，也不會太在意歌詞雅或不雅，或許流俗一些更討好也說不定。但詞的發展，也自有它的內在邏輯。一定有文人雅士，總覺得詞可以再雅一些，或再反映多一些眞實世界吧！

於是，也很像台灣流行歌曲的演變一樣，很多的作家、詩人跨入寫歌詞的領域，便帶動了流行音樂新的風潮，量的增多，牽動質的躍進。

同樣邏輯，用來觀察詞的變化，道理相同。

詞，從晚唐到五代，剛好又碰上大時代的動盪不安。

文人雅士也被迫要感時憂國。於是，反映在詞裡，便是一個新階段的醞釀。但「時勢造英雄，英雄也造時勢」，每個新階段，是需要有人跳出來當領頭羊的。

李後主在成爲宋朝皇帝的俘虜後，遭逢劇變。他敏感細膩，而又善於駕馭文字的功力，便在詞的創作上，譜出了他個人的「嘔心瀝血」之作，如春蠶吐絲，如杜鵑啼血，開出了詞的新局面。

李後主是把詞當成了他「思索」自己際遇的工具，感時傷懷，亦開啓了後繼的文人雅士，把詞當作新的文類，發揚光大。「士大夫之詞」於焉開展。

26

李後主把詞當成了「靈魂之窗」，開出了「士大夫之詞」的新意境！（中）

伶工之詞，難登大雅之堂。

詞，要提升它的層次，非要士大夫接受不可。

唐詩，之所以輝煌，跟整個唐朝把詩當成文人士大夫的等號，有很大關聯。但唐詩能到這程度，並非一蹴可及。

我們今天從清朝沈德潛的《古詩源》一書裡，可以看得出來，唐詩是一路隨著時代，逐漸進化出來的。源頭早在《詩經》之前。

我自己非常喜歡《古詩十九首》。

那些沒有作者署名的詩，如泣如訴，如歌之行板，把人在大時代的動盪，命如草芥的卑微，流光似水的稍縱即逝，種種對於生命短暫，渺小的感懷，化成詩句，字字動人，意象鮮明。但從《古詩源》裡，可以清楚發現，即使《古詩十九首》，也是時代演進的產品。

詩的規律，是慢慢演變的。是隨著大量的創作者，一方面追隨前人的步履，跨入詩的寫作，而另一方面，則有不甘於墨守成規的人，不斷在嘗試著突破。

我每次隨手翻閱《古詩源》時，都會衷心感謝沈德潛，在沒有電腦可以幫忙收集資料、排比分析的年代，竟能把詩從上古時期，一路整理到唐詩成型之前的隋朝！這若非對文化抱持使命感，對文類的演進，有一種強烈探究的求知欲，是「不可能想像的工程」。

若從現代「典範」（paradigm）的概念看，如果不是一代又一代的讀書人，有一條隱隱脈絡在牽引他們，使他們形塑出一種「上下古今，我們一國」的使命感的話，這種試圖連結過往到現今，從現今延伸至未來的文化工作，是難以想像，難以支撐的。

我提到的「文化人的使命感」，某種意義上而言，也就是王國維所說的，「士大夫」的意義。

爲何詞必得從「伶工之詞」轉進到「士大夫之詞」呢？

這是詞，掙脫「詩餘」，亦即詩的附庸，而建立自己主體地位與生命力的必要。唯有當士大夫，願意把詞，視爲他們感懷家國，憂嘆時代，發抒一己之抱負，俯仰宇宙的視野時，詞才有了「正統」、「正當」的地位，而非文人雅士、市井小民雜燴於歌伎樂工，飲酒作樂於一堂的助興文字！

這傳統我們如今視之，也許覺得迂腐，不過在長期士人精英傳統的中國古代，這卻是任何文類要進入正典化，非走不可的路徑。

這傳統，源頭可以早自孔夫子的年代，當他慨然對弟子們說：「小朋友啊，爲什麼你們不去讀《詩》呢？」從那時起，詩在傳統文人士大夫的階層裡，便成爲他們使用文字創作的一個高標了！

孔老夫子是怎麼說的呢？

子曰：「小子！何莫學夫詩？詩，可以興，可以觀，可以群，可以怨。邇之事父，遠之事君。多識於鳥獸草木之名。」

他說的詩，是《詩三百》，也即是《詩經》。

孔子「刪詩書」，「定春秋」，可見，《詩》、《書》、《春秋》都不是他的原創，但他一言九鼎，經過他的評審、刪修，這些古代文獻都成了「經典」，引導古代讀書人很長的一段歷史。

孔老先生雖然談的是讀《詩經》的好處，但畢竟詩三百篇，是先民們透過文字的創作，對周遭生活世界的觀察，對自身生命感觸的描述。因而，是中國文學裡極早的民間文本。孔子訂下的規則，也是後來文人士大夫對文學創作，包括詩詞，最具規範力的指標。

詩，可以興。興是激發心志。

詩，可以觀。觀是觀察世界。

詩，可以群。群是人我關係。

詩，可以怨。怨是發抒內在。

學了詩，近可以侍奉父母，遠則可以報效君王。更可以經由《詩》三百篇談到許多地方的描述，而讓人學習鳥獸草木的知識。

當文學的意義規範在這些範疇裡時，很自然成爲寫作的指標。不過，規範歸規範，我們寫作的人明白得很，寫作最終是自由自在的。

我們從唐詩、宋詞、元曲的變化，愈來愈趨近於市民品味，愈來愈靠近大衆生活，就可以明白，文學的演進趨勢，終究是回歸到更不受拘束，更解放心靈的方向。

可是，這畢竟是一條漫長的演進之路。

唯有當西方文化，西方價值，猛烈撞擊東方體系，沖垮儒家那一套價值體系後，傳統文學的士大夫社群，才轟然瓦解。然而，在唐詩轉進爲宋詞的階段，士大夫之詞，意味了詞還必須經過文人集團的認證。

王國維認爲李後主是這轉化過程中的關鍵人物！

爲何是李後主？

哪個階段的李後主呢？

李後主的詞，怎樣被認證爲屬於「士大夫之詞」的風格？

我們回想一下，孔老父子界定的幾個標準：可以興，可以觀，可以群，可以怨。

再來看看李後主的詞，是如何做到「士大夫之詞」的！

27

李後主把詞當成了「靈魂之窗」，開出了「士大夫之詞」的新意境！（下）

李後主的詞，於詞史上的地位，在於扮演了「承先」（承接了晚唐、後蜀發展出來的詞路線），「啓後」（啓迪了北宋詞家的創作新風格）的角色。

這當然不是李後主自己有意爲之的。

他自己也不會意識到竟然無意間創造了歷史。

詞，從伶工之詞，往士大夫之詞轉化，是詞提升自己形象必然要走的路，否則無法進入「正典化」的地位。

從後蜀的《花間集》，到南唐二主與馮延巳等人的詞作，已經看出來，詞風慢慢往士大夫抒情、言志、感懷、傷時的方向轉化。

此時，需要的臨門一腳，恰好是南唐的亡國，李後主的淪爲階下囚，這種扯心撕肺的痛。亡國喪家，無法保護自己女人，且要低聲下氣，苟延殘喘活著的痛苦，在在讓可以駕馭文字，可以運用詞這文類的李後主，在汴京，在宋朝皇帝的淫威之下，創作大爆發起來！

詞可以興，可以觀，可以群，可以怨。

同樣，詞在李後主手上，亦可以興，可以觀，可以群，可以怨。是李後主把詞的創作，拉高到這個孔子定位的高度，才使得詞進一步被士大夫所欣賞，所接受。

南唐的詞，我很喜歡馮延巳。

王國維說他的詞，「雖不失五代風格，而堂廡特大，開北宋一代風氣。」

堂廡是什麼意思?廡，是古代豪宅大堂周圍，有廊沿的屋子，堂廡於是就是大屋，豪宅之意。

用來形容文字風格，是指馮延巳的詞，氣勢恢宏，宛如規模宏大的屋宇。

有一本書《蒿庵論詞》，在評價南唐的詞，對宋詞的影響有多大時，就曾這麼下定論：「詞至南唐，二主作於上，正中（馮延巳的字）和於下，詣微造極，得未曾有。宋初諸家，靡不祖述二主，憲章正中。」

用白話文來解釋，是指詞在南唐的發展，由於二主積極推動，馮延巳與兩位君主相互唱和，使得詞的地位和成就，都達到了一個高度。北宋初期，寫詞的人，無不把二主和馮延巳當成典範楷模來學習。

我曾經引介過馮延巳的〈鵲踏枝〉，不妨再看其中一段：「爲問新愁，何事年年有？獨立小橋風滿袖，平林新月人歸後。」

畫面是不是美到不行？孤獨的意境，是不是深刻無比？

人生總是多愁。唯有自己最懂，愁爲何來？

於是當衆人皆退，唯獨你一人，獨立小橋，吹風，淋風，享受孤獨，也享受了孤獨的自由。

南唐詞人，把「孤獨」帶進了詞的世界。

這就是南唐的詞，轉化到士大夫之詞，很典型的範例。詞，不再是非關緊要的歌詞了，而是發抒文人士大夫，內心世界豐富思緒的文字舞台了。李後主入宋之後，儘管他是亡國之君，但他受到命運的強烈震撼後，在詞上發抒出來的鬱結之情，悲憤之情，苦痛之情，思鄉之情，莫不深深打動後來詞家的靈魂。因爲李後主寫的，已經不是一般的悲慟，而是昇華到人生無常，命運蹇促。如何在難以捉摸，卻又感觸眞摯的矛盾中，留住自己最珍惜的片段呢！

王國維以「血書」，一語道破李後主詞的成就，是以自身之悲慟入詞。但他又不只是停留在自身際遇的感嘆，陷入喃喃自語，而是以一般人皆能理解的文字，把一般人都能領會的痛苦，提升到「儼有釋迦、基督擔荷人類罪惡之意」的境界。

這種把個人際遇，拉高到普世感受的層次，若沒有眞摯的感情，沒有高超的文字功力，往往不是失之於假情假意，便是失之於堆砌詞彙。

但李後主，超越了這兩種風險的夾殺。

我們讀李後主的詞，完全沒有隔閡。

他的文字，相較於其他詞人，用字遣詞，都相對淺顯，然而，讀他的詞，卻也最容易讓人久久不能自已。

清朝的詞論家周濟，在評論溫庭筠、韋莊這兩位大詞家時，說溫的詞，是美人嚴妝（濃妝）；韋莊的詞，是美人淡妝。但李後主的詞呢？既非濃妝豔抹，亦非淡妝素顏，根本是「麤服亂頭」。然而，然而，卻「不掩國色」！

這評價，很高吧！

有人，濃妝美；有人，淡妝好。唯獨李後主的詞，是穿得邋遢，髮不成型，卻猶然掩飾不住她的國色天香。

這些描述，說穿了，無非是在解釋我說的，李後主在汴京當俘虜時寫的詞，文字都很淺顯，但意境卻高得出奇。

用現在很潮的話講，就是李後主的詞，ＣＰ值很高啦！

我們信手拈來，看看吧！

「流水落花春去也，天上人間。」很深嗎？

「一江春水向東流」很複雜嗎？

「人生愁恨何能免」道理多簡單！

「春花秋葉何時了」意象很直接。

「幾曾識干戈」多坦承？

「垂淚對宮娥」多直白！

「自是人生長恨水長東」多淺顯！

李後主在汴京留下的詞，的確像完全素顏，剛剛醒來的女子，蓬頭亂髮，起身開門，卻舉手投足之間，完勝你乍看她時，目不轉睛的讚歎。

李後主的詞之所以令人驚豔，在於他不雕琢巧飾，文淺意白，但韻味深遠。淺語有致，淡語有味。

這告訴了我們，文字好壞並不在於複雜與否，深邃與否，而在是否貼切，是否打動你的心扉。

李後主是亡國之君，痛苦是必然的。

他說再多，讀者無感，也沒用。

他說得恰到好處，你便知道他痛。

你，我，後世的讀者，我們都不是亡國之君，爲何也能被他的詞感動？

只因爲他眞誠，他的文字意象，勾勒起我們日常的聯想，我們在生命中面對無常際遇的傷痛，這就是李後主的詞，偉大的地方。

他以他的靈魂，血書了我們對他的同情，進而也同情了我們渺小、短暫、無常的人生。

28

李後主若再晚出道個數十年，他的詞，還能蠱服亂頭，壓過其他美人嗎？

唐詩，宋詞，元曲。

由於文體之前冠上了朝代，看似與朝代興替連結，於是很容易造成誤會。以為，唐朝就是詩，宋朝唯有詞，元朝都在寫曲了?!

這誤會大了。

唐詩極盛之詩，詞已慢慢雛形化了。詞，歷經晚唐、五代，到南北宋極盛，但曲也見其端倪了。而且，唐朝之後，宋元明清，文人仍舊寫詩，並非棄詩去寫詞寫曲。宋朝之後，到民國白話文運動，這一大段歷史，寫古詩詞的名家，亦在所多有。

當我們說唐詩、宋詞、元曲的時候，不過是以簡便但傳神的方式點出了，這幾個文類自有它們各自的盛世而已。並不表示易代之後，這文體文類就沒人創作了。

單單以清朝爲例，納蘭性德便是一代大家。他的詞，絲毫不輸宋朝的名家。

從唐詩、宋詞、元曲的遞變，可以看出來是怎樣的文學規律，或特定的社會條件，在形塑，或推廣某一種文類嗎？

這是一個好問題。但不易三言兩語說清楚。

歷來，都有文學評論家，想解答其中的緣由。

寫《人間詞話》的大學者王國維亦然。

他有一大段文字，我試著拆開來，一段段爲你解析。

「四言敝而有楚辭，楚辭敝而有五言，五言敝而有七言，古詩敝而有律絕，律絕敝而有詞。」

四言詩，是中文世界目前看來最早的詩體。《詩經》是代表作。「關關雎鳩，在河之洲」、「窈窕淑女，君子好逑」，信手拈來都是四言的典範。

但框架久了，難免讓人不耐，於是有《楚辭》這類文體出現。五、六、七言，交互穿錯，縱橫自由。但五言走到極致，七言體則蓄勢待發。五言、七言的文體，走到極致，律詩則要竄起。律詩走到極限了，詞則隱隱然要接手。於是，看起來，似乎是一類文體，自有其高峰，到了高峰，便不得不往下滑落。

但爲何會這樣？

王國維繼續解釋。

「蓋文體通行既久，染指遂多，自成習套。豪傑之士，亦難於其中自出新意，故盾而作他體，以自解脫。」

這段文字大意是，一類文體流行了一陣子後，愈來愈多人從事。漸漸的，想再創新愈來愈困難。於是，便有人尋求新的文體來嘗試突破。

「一切文體所以始盛終衰者，皆由於此。故謂文學後不如前，余未敢信，但就一體論，則此說固無以易也。」

每一種文體，之所以有盛極而衰的過程，其道理都是這樣。

所以，若說文學一定是後繼者不如前輩優秀，那可不一定。但如果是在同一個文類裡，那麼後繼者不如前輩，則是有道理的。因爲能寫的詞句，能用的意象，都被反覆用過了，「推陳出新」談何容易？

王國維這套「文體更替論」，不能說沒有一定的觀察力。

然而，還是不能講清楚，爲何古代的文體，像詩詞，會遭遇這盛極而衰的過程？而爲何，像小說，像戲曲，便不會？

其實，我一旦這麼點明，可能不少朋友便會「噢」一聲，似乎懂了。

關鍵在哪呢？

關鍵恰恰在，古典的詩體也罷，詞體也罷，都有一套嚴格的形式規律要遵守。

每一句，怎麼用韻，上下句，怎麼對稱，都有規則，都有要求。

想想看，這文體剛開始時，前輩寫作者很自由，他開創新例的自由度很大。但漸漸的，愈來愈多人投入。每個韻，能用的字，就那麼多，翻來覆去，一直被套用，久了怎麼不「詞窮」？怎麼會不漸漸「陳腔」而「濫調」呢？

注意哦，「腔」與「調」都有成規，一用再用，困窘當然出來。愈後投入者，壓力愈大，他能套用的語彙、典故堆積如山，但他的創新選擇則愈來愈窄。

相對的，小說做為一種文類，戲曲做為一種文類，顯然自由多了，不是嗎？誰能說，小說有固定套路？誰能說，戲曲必須墨守成規？讀者，觀衆，第一個跳出來 say no 啊！

再拿五四以後，白話詩，亦卽新詩為例，正因為新詩採取自由體，沒有形式的框架，因而新詩的寫作，便無所謂「盛極而衰」的輪迴。反而，可以隨時融入各別時代，融入新時代的詞彙，融入創作者自己的才情，去思索各類型的議題。

這是我們理解古詩詞，理解它們的困境時，應該理解的結構面的限制。

大致理解這前提後，對我們認識李後主的詞的地位，非常重要。

李後主如果再晚個五十年、一百年，兩百年，是在北宋詞的極盛年代，或南宋詞的繁複化年代，他還能不能那麼「麤服亂頭」，依然「難掩國色」，眞的便很難講了！

我讀李後主的詞，我也讀不少關於詞的論述。

我同時也愛讀現代詩。

透過一種不是沒有意義的聯想與對比，不知你會同意嗎？

若白話詩起頭的階段，最搶眼的詩人是徐志摩，那他若晚出道個數十年，到了六〇年代、七〇年代、八〇年代的台灣新詩階段，徐志摩的詩還能有那麼高的位置嗎？

也就是說，徐志摩的詩會不會恰好是在他那個年代，白話詩要掙脫舊詩的包袱，在摸索新的形式之際，其他人都顯得磕磕絆絆，受古典詩的羈絆很深。唯獨他，展現了相對意象鮮明，文字動人，感情充沛的氣勢，因而博得白話詩壇極爲搶眼的地位？

但，當新詩在台灣，歷經現代主義，鄉土文學，意象詞句都在在反覆被鎚鍊之後，徐志摩的詩，放在現今的脈絡裡，不是便顯得「黏膩而過分鋪陳」了嗎?!

換句話說，詩人也有他的時代性。他既反映時代，也被時代提供的舞台所反映。李後主的「詩家幸」「詞家幸」，幸在他流離身世的撞擊，也幸在他的時代，詞還在開展的新布時期，詞家的激烈競爭年代，還未登場！

29

拂了一身還滿。
李後主後期的詞以直白道盡生命的孤愁

了解李後主在詞的發展過程中「恰恰好」的位置，是認識他的成就，很關鍵的一步。當詞，要從「詩餘」，亦卽詩的附庸角色走出來，一定是需要時間來鋪陳的；也一定是需要「頂尖人物」，來樹立典範的。

晚唐的詞，五代後蜀的詞，仍不脫香豔、旖旎，男女相思愛慕的豔詞風格，正是詞尚未擺脫「歌詞」的證據，尚未進入文人士大夫以之興，以之嘆，以之怨的駕馭文體。但也因爲詞正在轉化中，所以當更多人投入詞的創作時，詞的風格雖還在摸索，但詞的水準確實逐步在提升中。等到南唐二主、馮延巳等人，把詞拉抬到可以發抒自己感時憂懷的境地後，詞的被士大夫、文人雅士接受，已經是必然的趨勢了。

李後主剛好是在這個轉換、轉型的階段裡，恰如其分地扮演了轉換者的角色。

李後主是「亡國之君」，這身分遠比一般文人更爲傳奇！

李後主在南唐時，便與他父親中主，以文采而聞名於北方。北方的文人對他並不陌生。史書上記載，李後主善音律，他是很懂音樂的，他與大周后的甜蜜愛情故事裡，婦唱夫隨，共同完成一些樂譜，是當時的美談。懂音律，對於塡詞，當然得天獨厚。

這些前提，都是李後主在詞創作上，擁有的優勢。

但我們若細看李後主，在入汴京當宋朝皇帝的俘虜後，與他在南方當小皇帝時期，兩個階段詞風的對比，我已經提醒過了，他從未改變的，是他心思很細膩，觀察很敏銳，即便是感情上的男女幽情，他都能一新我們對文字描述的印象。

這麼敏銳、敏感的寫作者，入宋之後，整日被監視，自由受限，心靈抑鬱，當然只能透過文字來發抒內心的痛楚。細膩，敏銳，進入新的高度，是可以預期的。

但，如果我們再細細對照前後期的文字，還是可以感受到入宋後，李後主文字中的感情更加強烈而濃郁。然而，他運用的文字，卻似乎更隨心所欲，更從容不迫了。淺語有致，淡語有味的風格，愈發鮮明而通透！

這又是怎麼一回事？

放在詞的發展史的脈絡來看，又如何來解？

詞的風格，不會一下子進入高手如雲的華山論劍。

李後主是在詞從旖旎風月，轉化到士大夫發抒心境的轉折點上，適時現身的。

在南唐時，他的細膩，只在周遭帝王生活的細膩。他的敏銳，只在小朝廷來日不多的憂戚敏銳。

在修辭上，在南方時，李後主的詞，很雅。意象，很美。他雕琢文字的功力，已臻至一流水準。

我們不妨用六首〈謝新恩〉中，其中一首爲例。

櫻花落盡階前月，象牀愁倚薰籠。遠似去年今日恨還同。

雙鬟不整雲憔悴，淚沾紅抹胸。何處相思苦？紗窗醉夢中。

意象是不是很美？

櫻花落滿台階。

象牙床伴著香精氣息。

這兩句，都布局了淡淡的閒愁。預告了下一句的無奈。

去年跟今年都一樣啊，寂寥難耐。

從空景的描述，到主角的登場。

美人無心整裝，任由淚水沾濕紅內衣。相思多苦啊～唯有在紗窗內，獨自飲酒消愁。

詞是很美。用字，遣詞，也都很精準。

從景物，到人物。鏡頭切換，幕幕動人。

然而，也就是這樣了，不是嗎？

如果李後主繼續留在南方，繼續當小皇帝，大概他的境界也就到此爲止了。頂多再比後蜀的《花間集》再高明一些。但他一代詞宗的地位，不會出來。

我們來看看，在大勢已去，但還未到斷然的時期，李後主的詞的意境，已然有所轉變了。

他心愛的弟弟，被扣押在汴京時，他是這麼思念的。

〈清平樂〉：

別來春半，觸目柔腸斷。砌下落梅如雪亂，拂了一身還滿。
雁來音信無憑，路遙歸夢難成。離恨恰如春草，更行更遠還生。

是不是很明顯。當李後主漸漸感覺他的人生，彷彿要進入一個無可轉圜的陌路時，他的詞境正如他的心境，也漸漸進入不再雕琢文字，而直接以簡單意象、直白詞句袒露心曲了。

這八句，每一句，幾乎都不用再多解釋，就能讓人感受他對弟弟的疼愛與思念。階下也不是櫻花落滿地的美感了，而是落梅亂雪的憂煩。

離恨如春草，燒不盡，剪不斷，人生離情誰能不感傷呢？

李後主在淪爲俘虜之前，他的詞已經由於自身處境的壓迫感，逐漸往更深刻的自我內在去挖掘了。而且，他幾乎不太用典了，直接以直白的修辭，去發抒他內心的感情。

王國維所謂的「隔」與「不隔」，在李後主入宋之後的詞上，我們完全可以領略出，何謂「不隔」的意境。

當一個人的痛苦，已經昇華到世人皆能感受的境界時，一杯白開水，也能溫潤你寂寥的靈魂。

李後主正是以他的詞之直白，溫潤了我們生命最深處，最無可排遣的感傷。

30

詞人者，不失其赤子之心。但也是赤子之心，害死了李後主啊！

北宋一統江山，陸續消滅了好幾個小朝廷，當北宋俘虜的小皇帝，不只李後主一個。但為何李後主知名度最高？又為何，他最終被迫吞下「牽機藥」，活活被毒死？蟻螻尚知苟且偷生，何況是人？何況是兵臨城下，家國已破，在那當下並未以身殉國的李後主，為何反而在飽受屈辱的汴京，卻一再的自尋死路呢？

李後主或許是曾想過要「殉國」的。

有些史料記載，當宋軍大舉逼近時，他曾下令在宮中積囤柴薪，發誓要與國家共存亡。這說法，難以確認。但事實是，他做不到。

最終，他是倉皇辭廟，揮淚對宮娥的。

丟了祖宗留下的基業，又不殉國。可見，他是有「偷生」的念頭的。

既然願意苟且，寧可偷生，那又爲何偏偏在宋太祖未必想殺他，宋太宗雖咄咄逼人，但他仍舊可以選擇忍辱的情況下，反而逐漸把自己推向死亡的懸崖呢？

這謎，該如何解？

李後主會「橫死」，不在於他想復國雪恥。客觀條件上不可能，主觀意願上他沒這膽識。但他確實是往死亡的路徑上，一步一步被推著走。

被誰呢？

宋朝兩位開國皇帝，並沒有非要他死的理由。但最終「毒死」了他。

爲何？

很多人，會把「樂不思蜀」的劉禪，拿來跟李後主比較。

但這比較，有沒有意義？

劉禪，固然以樂不思蜀保存了性命，但也就是那樣了。

相對的，李後主「故國夢重歸，覺來雙淚垂」，老是心繫往昔，情牽江南，雖然丟了性命，卻留下一代詞宗的地位，這哪裡是「扶不起的阿斗」所能企及?!

處境相似，選擇不同，往往跟每個人的「條件迥異」，是相關連的。

劉禪就不是李後主，不是那種會多愁，會善感的人。

我不是很同意，有些觀點據此推論，劉禪並非「阿斗」那麼不堪，而是有心機的，才可能在亡國之後，善保其身。

我不同意的原因是，一個人的心機，要違反本性、本質，而能長時間的掩藏，或掩飾，理論上應該是很困難的。

我反而比較傾向於，正因爲人的本質，人的個性，在成年後是大致定型了的，所以，劉禪才是「樂不思蜀」的劉禪，而李後主就是會「以淚洗面」的李後主，這是無法壓抑的本質。

正因爲，李後主柔弱、猶疑，才會在南唐已然頹勢的處境下，既不能想方設法富國強兵，又不能及早向北方強大的宋朝輸誠，拱手奉上南方小朝廷。才落得個「當俘虜的下場」。

正因爲，李後主沒有治國之才，只有塡詞、作曲的士大夫條件，他在失國之後，也只能藉由這些他熟悉的文藝，來發抒他內心的抑鬱和痛苦。

這在兩位宋朝皇帝眼裡，卻被解讀成，你終日懷念南方，是「在不滿什麼」我們北方大宋嗎？

從我們後人所能掌握的知識理解來看，我認爲李後主在汴京情緒的低落，恐怕已經到了「很憂鬱」的程度，因而，無處不可觸景傷情，無時不能心懷憂悶。而他的大腦功能，很可能又是額顳葉，也就是主管感情語言的部位特別發達。這使得他不僅擅長於以文字來發抒他的內在感情，也迫使他卽便想「樂不思『南唐』」，想不回首往昔，也不可能。因爲，他就是注定多愁善感的李後主啊～他不但多愁善感，亦且也太沒有心機了。

王國維說他是「赤子之心」，因而能寫出感人肺腑，毫不做作的詞句。但這赤子之心，不也是害死他的本質嗎？

赤子之心，最簡單的理解，不就是孩子般的天眞、無邪嗎？

史料上記載了李後主的大臣徐鉉，跟著歸順宋朝後，任職左散騎常侍。

有一天，宋太宗問他，最近見過李後主嗎？

徐鉉說他不敢私下去見。宋太宗准他去見故主。

結果，李後主見到舊臣後，後主「相持大哭」。（注意哦，不是兩人相持，而是後主相持，可見後主之單純，可見徐鉉之謹愼。）

兩人默默無語一陣子後，突然，李後主感慨地說：「當時悔殺了潘佑、李平。」

這兩人是誰？

正是當年在南唐時，力勸李後主要振作，要變法圖強，要鍛鍊武力以抗宋的大臣，後來不是下獄自盡，便是被處死。而徐鉉恰恰是站在這兩人的對立面！潘佑入獄，還是因爲李後主聽了徐鉉的誣告。你說，這是不是哪壺不開提哪壺呢？

所以，你要徐鉉怎麼回應李後主呢？場面必然很尷尬。

徐鉉回去之後，當然要主動向宋太宗匯報見面的過程。

你再想想看，你若是宋太宗，聽到李後主說，很後悔殺了勸他振作、勸他武力抗宋的大臣時，你會怎麼想？一笑置之嗎？恐怕不會。多少會認爲，此人不殺，夜長夢多，是不是？

這也就加深了，宋太宗要置李後主於死地的意圖了。

你說，這麼一個了無心機的人，若非本質如此，怎麼會一點危機意識都沒有呢？

赤子之心，只能做詩家詞人。做皇帝，是不幸。連做俘虜，都風險很大啊！

31

算來一夢浮生。李後主的揪心吶喊，讓我們領悟了詞之言長的意境

李後主之所以能在詞的轉折階段，扮演開創性的角色，確實不簡單。然而，也確實因爲他掌握了時代的先機，掌握了「詞」的特性，才有這關鍵性的轉折成就。

詞，之所以一開始被視爲「詩餘」，可以想見，唐詩極盛時期，詩人是多麼的瞧不起詞的出現。可是，詞這文體的浮現，難道不是唐詩本身，走到了盛極而衰的困境嗎？

詩的五言、七言、絕句、律詩、樂府，都是不斷在求變、求新，試圖讓寫詩的人，可以擴大詩的範圍，試探詩的功能與可能。可是，五言、七言的規格，久了，還是讓人感覺束縛。

「行到水窮處，坐看雲起時。」雅興固然不小，但人不可能老坐在那，什麼都不做。於

是，「柳暗花明又一村」，便成爲文體演進的常態。人，尤其是文化創新的人，必定會再找尋新出口的。

詞，爲何會取代詩的獨霸？

問題滿複雜的，但我們若以「文學」終究有它發抒人的內在靈魂時，所含括的種種面向的話，這種概括性的說法，已透露了「文體窮則變，變則通」的道理了。

唐詩在固定的規格下長期發展，逐漸「掏空」了詩人可以挖掘的領地，在詩的密度已然彌漫於每個可能的角落時，創作者顯然要面臨難以下筆的窘境。

晚唐以後，詩人的寫作，愈趨雕飾文藻，意象浮泛，若非容易重複前人的軌跡，便是矯揉造作，故意標新立異，惹人厭煩！

後人批評宋朝無詩，或宋詩愛談義理變得乏味，固然是實情，但卻沒有看到「爲何如此」的文學原因。

原因就是，唐詩幾乎寫盡了能寫的題材。在固定的規格下，無論題材，無論修辭，都到了「動輒得咎」地步，也就是前人寫過，或用詞、用典，都已空前浮濫的情況下，宋人當然只好另闢詩作的蹊徑。以詩來闡述義理，便是無可奈何的出路了。

但人性的矛盾，同時也是文體的矛盾。

唐詩，原本可以抒情，可以敘事。一方面讓詩人可以關懷世界，那是士大夫的大傳統；另方面，也讓詩人可對自身情懷予以發抒，這是士大夫的小傳統。

宋詩發展到論理爲主的路徑，僅能滿足前者的壯志，卻無法安置後者的依託。

詞，在這方面，適時填補了關鍵性的角色。

詞的型態，長短句，給了形式上的鬆綁。詞的源起於歌詞，給了內容的活潑化空間。尤其重要的是，詞讓文人士大夫，有了新的寄託感情，發抒內在心靈的憑靠。這是「詞」之所以蔚爲新文體，很獨特的條件。

士大夫看似傳統中國社會的精英階層，然而，他們深深知道，得志與否，並不是自己所能決定的。於是，在進退之間，他們必須發展一套可以慰藉自己的機制。

後人說，傳統讀書人，得意時是儒家，失意時是道家。這說辭，說穿了，不過是官場變幻莫測下，一種游移於儒道的策略。但事實上，還必須把佛家放進來討論。因爲畢竟道家是官場失意後的寄情，然而身處權力鬥爭的場域，儒家只能教你進取，唯有佛家方能讓你釋懷於一瞬間可能的有或無。

詩提供了文人士大夫，進，可以縱論天下；退，可以舒緩心志的平台。但相較於詞，詩的規格化，仍顯限制太多。

長短句，長短句，某種形式的意義上，已經把人情之召喚，心志之抒發，寄託在長短不一的感嘆裡了。

王國維說：「詞之爲體，要眇宜修。能言詩之所不能言，而不能盡言詩之所能言。」算是把詩與詞，兩者的形式上的限制，對比得十分清楚了。

宋詞確實要比唐詩，更易於表達複雜、幽微、細膩的內在感情。但卻不能像唐詩那樣恣意縱橫，觸及更多廣泛的外在面向。

王國維兩句結論，說得好：「詩之境闊，詞之言長。」境闊，這闊字，用得準。唐詩幾乎沒有什麼不能寫的題材。但，言長，這個詞，則很巧。宋詞就是很難議論時事，在形式上，即便長調，要超過百句以上，幾乎不能想像。然而，短短數句的詞，卻往往意味深長，意境悠遠。這是詞，厲害的地方。

正由於，詞之爲體，在它的紙短情長，在它的語境深幽，在它的意猶未盡，這才讓詞，取得了自己的歷史地位。

李後主在詞要逐步興起，轉型的階段，適時而出。他又是一個很單純、眞性情、文字駕馭功力極爲高明的作者。在飽受國破家亡之痛下，他毫不做作的文字，反而突顯了詞需要眞性情，需要把文字之意境，連結到賞析者自身的生命經驗上。這看似很簡單的「移情作用」，卻往往一不小心，便失之於做作，或虛僞濫情。

李後主在亡國之後的詞，像讓你寒天飲冰水，一個字一口冰的，直直滑入你的胸腔，瞬間凍住你，也瞬間激盪你。

這就是李後主。

「世事漫隨流水，算來一夢浮生。」

「林花謝了春紅，太匆匆！無奈朝來寒雨晚來風。」

每個字，都深深嵌入你的心房。

不管，你受的是怎樣的傷，不是嗎？

李後主是亡國之君，卻也是後世最疼惜的亡國之君。

32

李後主把詞推到抒懷的新高，蘇東坡把詞推向豪放的極致

詞，無疑是比詩，更適合於言情與抒懷的。詩，則有觸及自身情懷之外，公共議題的可能。

李後主把詞在情意抒懷上的功能，藉由自身際遇的痛苦，激發出極大的成就。但詞並非沒有情意之外的，接近詩的揮灑可能，只是有限度。

李後主過世後六十年出生的蘇東坡，則顯然是才不世出的大文豪。他便以個人左右逢源的才情，讓詞不僅僅可以個人抒懷，亦且可以豪情天地的雙重性格，發揮到極致。可是，這樣的天才，北宋大概唯有他能做到，而南宋，也唯有辛棄疾稍稍可以媲美。

可見，詞之爲體，「要眇宜修」，大致還是對的。

文人士大夫要悲天憫人，要關懷宇宙，要胸懷天下蒼生，最好的文體仍然是詩，或散文，或策論，而非詞。

詞，仍然是更適合以「內心小劇場」的奔放，爲主題的。

蘇東坡的例外，是他個人的才氣的例外。

蘇東坡在他的元配過世十年後，寫了一首非常感人的詞，〈江城子〉。

把懷念妻子日常相處的細節，寫得平淡無奇，卻感人肺腑。

「十年生死兩茫茫，不思量，自難忘。」

妳我生死相隔，十年了，就算不想去想妳，卻又怎麼能夠忘記呢？

「千里孤墳，無處話淒涼。縱使相逢應不識，塵滿面，鬢如霜。」

妳的墳葬在千里之外，我想面對妳，談我的淒涼也不可得啊～

相隔十年了，就算我們能再相遇，妳怕也認不得我了，我終年風塵僕僕，鬢髮已斑白啊～

「夜來幽夢忽還鄉，小軒窗，正梳妝。」

啊我夜裡突然夢到回返故鄉，妳正坐在小窗口梳妝呢！

「相顧無言，惟有淚千行。料得年年腸斷處。明月夜，短松岡。」

我們相視無言，只是不斷落淚。啊每年此刻都是我們的斷腸日啊，明月當空，長滿短松的小山岡。

這首詞，我大概都能背誦了。整首詞，沒有複雜的意象，沒有賣弄文藻的詞彙，有的，只是誠摯的感情。

如果說，李後主成爲俘虜後的文字，開創了詞的「以簡馭繁」的新領域，那蘇東坡的繼起，則是發揚光大了，這套「不隔」的填詞傳統。

所謂「隔」或「不隔」，不必深論，一比較就懂。

同樣是做俘虜的皇帝，我們之前比較過了，李後主就是「不隔」，你一讀就被感動。宋徽宗就「隔」了，總感覺，你講心事，幹嘛還彎來繞去的，心都那麼痛了，還在乎作文嗎?!

蘇東坡懷念妻子，從生死兩地，日常細碎出發，到夢中無言以對，只是流淚，讓一切沉靜在月色籠罩的松岡上。完全是此情可待成追憶，只是當時已惘然的復刻版。但蘇東坡確實見證了，他個人的豪情是在李後主之上。也見證了，詞經過李後主之後，六七十年，達到新高的進化。

我們若再讀蘇東坡另一闋，多達一百字的〈念奴嬌〉，則又是另一股磅礡氣勢，這是李後主終其一生，都不可能達到的高度。

「大江東去，浪淘盡，千古風流人物。故壘西邊，人道是，三國周郎赤壁。」一起頭，便是大江滾滾，時光飛逝，多少人物多少故事，都隨風隨浪而去的氣魄。而地點，就在旁人告訴你的，三國時代的赤壁。

「亂石崩雲，驚濤裂岸，捲起千堆雪，江山如畫，一時多少豪傑。」幾句話，把赤壁的形勢，岸邊的風景，刻畫鮮明。也告訴我們，就在這如畫的風景中，昔日三國多少豪傑英雄，都歷歷在目。

「遙想公瑾當年，小喬初嫁了，雄姿英發，羽扇綸巾，談笑間，強虜灰飛煙滅。」周瑜的風采，小喬的典故，呼應曹操銅雀樓的傳說，把赤壁之戰三分天下，漂亮帶過。

「故國神游，多情應笑我，早生華髮，人間如夢，一尊還酹江月。」

但講完了歷史現場帶給我們的回憶後，蘇東坡最高明，也最回復到詞之創作最精髓之處的，是拉回到詞的意境深遠。歲月不僅無情於歷史人物，也很無情於此刻的我們啊，感嘆之餘，只好把手中的酒，倒向滾滾而去的江水，敬它一杯吧！

我們讀蘇東坡的這首〈念奴嬌〉，一定會跟著激動不已。

這是蘇東坡的絕妙好詞之一，但他的詞卻是豪放處，令人激盪；婉約處，讓人著迷；幽默處，使人會心；悲涼處，逼人落淚。

難怪兩宋的詞家一堆，唯有蘇東坡，堪稱爲最大家！

詞，到了他手上，發揚光大，類型多樣，是他把詞推到了這文體的高峰，是他讓宋詞奠定了足以與唐詩拮抗的地位，這讚美，絕非溢美。

當然，李後主是不可能預見他寫的詞，竟然會成爲俘虜他的宋朝，幾代的士大夫奉爲圭臬的典範。蘇東坡雖然也對李後主的爲人與作品，有不同的評價。然而，他們的詞，都在後人的眼裡，先後成為詞的發展史上，承先啓後的角色。

我每每在翻讀唐詩也罷，細讀宋詞也好，都會感受到「人如其文」的某種連帶性。這種人如其文，倒不是說那種道學式的關聯，說寫什麼文，就一定心思人品如何如何。而是人的天生氣質，生命的閱歷，的確是可以反映於他的字裡行間中的。

李後主的單純、天眞與善良。
蘇東坡的慧黠、曠達與才氣。
不都是在他們文字中，一覽無遺嗎？

33

往事知多少。李後主只能任由時間意識壓垮他！

人是很奇特的動物。

別的生物，當然也能感受春去秋來，四季的變化。否則，牠們不會有冬眠春醒，南遷北返等等生理時鐘依循大自然規律的叫喚。但唯獨人，會劃定出春夏秋冬，一年接一年的界線。然後，在這界線上，瞻前顧後，獨自感嘆起來。

人是有著強烈「時間意識」的生物。

時間意識就是生命的軌跡。

於是，即便你不會有著生命過程裡極大的斷裂衝擊，但回首望望，鏡裡不是朱顏瘦，便是鬢角白，你依然會感觸，自己隨著歲月，是在變老，是在「回不去了」！

新舊年交接，人的意識不免要被影響的。

得意的時候，往前看。新年充滿期待；失意的時候，往回看。往事不堪回首。

李後主在汴京的詞，之所以感人，無非是他召喚了我們，一般人內心深處，對時光飛逝中的「時不我予」，最深的觸動。

李後主在汴京，兩年多的俘虜生涯，至少有兩個寄人籬下的過年經驗，心情肯定不好過。以前在南唐，無論形勢怎麼窘迫，至少還是一個小皇帝。過年期間，他身爲小朝廷的主人，發發紅包，打賞群臣，賞賜宮人，他還是可以做主的。

然而，人在大宋天子的腳下，一介俘虜，他的寒傖、窘迫，完全可以理解。

他曾經上書宋朝皇帝，希望不要減少朝廷供應的酒量，皇帝不解，身邊的大臣替李後主緩頰，說他需要的，不過是酒的麻痹與慰藉。於是，朝廷供應的酒，最終不曾減量。

李後主自己在詞裡說，「醉鄉路穩宜頻到，此外不堪行。」可見他借酒澆愁的無奈與痛苦。

李後主是在南方長大的貴公子，一輩子生於深宮之內，長於婦人之手，做皇帝非其所長，也不是他要爭取的，只是排行老六的他，前面五個哥哥都一一過世了，才不得不輪到他！他自己承認，不曾識干戈，對靠著武力打天下的宋太祖、宋太宗而言，他不過是個手無縛雞之力的書生。誠如宋太祖嘲諷他的，「一介翰林之才」而已。

他被俘虜至北方，在南北大異其趣的風土民情下，他思念南方故國的心思，肯定不是一般人所能體會的。

他是個細緻敏感的文人，這些際遇帶給他的衝擊，必然震撼到難以平撫，日夜糾結。

李後主是在正月入宋當俘虜的。

他並沒有看到北方的正月風光太久。因爲，他只有不到三年的時光，在汴京。

第一個正月，他驚惶未定。

第二個正月，他痛苦不已。

還沒能見到第三個正月，他便死於牽機毒的劇痛之下了。

他知名的〈虞美人〉便是寫於入宋的第二個正月期間。

一年過去了，他無法像劉禪那樣「樂不思蜀」，亦不可能像他的南唐大臣一般，忠心改稱大宋皇帝爲新老闆。他的內心，強烈的口是心非，強烈的自我煎熬，在在顯示於他的詞句之內。

〈虞美人〉是這樣開場的。

「春花秋葉何時了？往事知多少。」

有人一定會問，錯了吧？應該是「春花秋月」不是嗎？

沒錯，確實有不同的版本。春花秋月，亦可。但意義完全不一樣了。

「春花秋月」是指美好的時光。說得通。不過味道少了一層。

不信嗎？我們不妨比較一下。

「春花」「秋葉」有時間的比喻。跟春去秋來一樣，意味著，一年過去了。

一年過去了，不正吻合李後主當宋朝俘虜第二年的心聲嗎？

「小樓昨夜又東風，故國不堪回首月明中！」

我住的小樓，昨晚又颳起東風，失眠的我，不禁在明月當空中想起故國往事。

「小樓」用得多巧啊！俘虜只能住小樓，但我的往昔可不是這樣落魄啊～

下句緊接著呼應了。

「雕闌玉砌依然在，只是朱顏改。」

我住過的宮殿都還在啊，只不過換了主人了。

「問君能有幾多愁？恰似一江春水向東流。」

這不過區區一年的俘虜時光，我就這麼難以忍受了，天啊，我還能忍耐多久呢？我到底還有多少的哀愁無法宣洩呢？恐怕就像那長江無盡的滾逝，不斷地向我的故鄉源源不絕的流去吧！

這首詞，張力十足。

講述的是李後主入宋後，撐過第一年，進入第二年正月，內心無窮悔恨，無窮痛苦的吶喊。單單是一年的時光，就已經難以承受了，更何況是無邊無際的，宛如長江永不停歇的思念呢？

北方的正月，寒冷凜凜。

獨坐小樓的李後主，一邊望著冬雪，一邊含淚飲酒，他多少能體會出李白的心情，「舉杯消愁愁更愁」吧！但李白畢竟是曠達的，喝醉了酒，還能欲上青天攬明月，而他呢？這位大宋皇帝的「皇俘虜」，連自己的小周后都沒法保護她不受羞辱，連自己想要借酒消愁的酒，都得要卑曲的向大宋皇帝乞討！他還算個曾經是個小皇帝的人嗎？在小周后眼裡，他還算個男人嗎？在舊臣子的面前，跪在宋朝皇帝面前的他，還算個昔日的君主嗎？

了解這些，你或許便懂，李後主在入宋後的，第二個正月，望著北方飄雪，何以思念南方的心情了。

那是一種在時間意識下的崩潰。

那是一顆被記憶擠壓的，受傷靈魂的吶喊。

「春花秋葉何時了？往事知多少。」

李後主不可能是「樂不思蜀」的劉禪。他有著悠悠的時間意識，他有著滿滿的歲月記憶。他只能讓自己一步步，走向一江春水的哀愁裡。

34

蘆花深處泊孤舟。李後主的靈魂永遠在江南飄盪

人在宋朝首都當俘虜的李後主，很顯然是沒有心思，去欣賞這座他被留置的大城市的。他心心念念的，無非是江南。

但當時的「東京」，即汴梁，亦稱汴京，人口超過百萬，是世界首屈一指的大城市。當然，它在北宋滅亡後，又屢遭黃河泛濫，早就失去了昔日的風采。

可是，從遺留至今的名畫〈清明上河圖〉裡，後人仍可一窺當時北宋經貿的繁榮，大城市汴京的盛況。

雖然水路貿易是汴京城裡居民的日常，賴以為生計的幹線，因而商船貨船絡繹不絕，周遭繁榮的商賈店家夜以繼日。不過，相較起李後主所熟悉的江南景致，應該不免還是過於

喧囂了吧！

入宋後，李後主寫了一首詞〈望江梅〉。

這首詞，遠遠不如他膾炙人口的其它幾首，那麼感傷或悲愴，甚至有名。但我們細細讀來，卻可以從中體會，李後主獨坐被監控的府邸內，行動不自由，然而，心思卻可以馳騁回江南的，那種幽幽的自由。

「閒夢遠，南國正芳春：船上管絃江面淥，滿城飛絮輥輕塵。忙殺看花人！」

像做夢一樣悠遠啊～南方故國正是春天最好的時刻。江水清澈，船舫流瀉著管弦。整座城市飄搖著春天的花絮，路上來去的馬車，揚起淡淡煙塵。到處都是出門賞花的人啊～眞是忙壞他們了。

「閒夢遠，南國正清秋：千里江山寒色遠，蘆花深處泊孤舟。笛在月明樓。」

如夢一般遙遠啊～南方故國正是秋天最好的時刻。一望無際的江山，在初寒天幕裡幽幽邈邈。江邊的蘆葦深處，停泊著一尾小舟。有人在明月當空的樓上吹著悠揚的笛聲。

這首〈望江梅〉爲何很厲害？

李後主還有另外一首詞牌名不同，但詞性卻非常相近的〈望江南〉。其中有名的金句，就是「車如流水馬如龍，花月正春風！」由於，調性非常相似，因而也有人乾脆把這首〈望江梅〉與〈望江南〉，並列爲同一個調名下的兩首。

但這首詞，就算我們繼續稱它〈望江梅〉，還是無妨於它的厲害。

它爲何厲害呢？

它厲害在另一首〈望江南〉，擺明了，我，李後主就是沒出息，我想家，我想昔日在小朝廷的熱鬧生活。於是，我哭了。我沒出息地哭了。

可是〈望江梅〉不同。

它幾乎沒有表露作者李後主的情緒，反而以一種淡淡幽幽的遠距離鏡頭，對著我們每一位讀者，向我們輕輕敍述，他所看過，所記得，所懷念的江南景致。

那是遠遠不同於北方的風景啊～

那也是遠遠不同於北方的天候啊～

唯有江南，才有那些縱橫交錯，大河小溪貫穿湖泊，輕舟畫舫穿梭其間，船上管弦輕奏，水上悠悠蕩蕩的美景。

唯有江南，也才有春風輕拂，花絮滿城飄舞，看花人一站接一站，趕著賞花的閒情。也唯有江南啊～不像北方冬日的肅穆，在江南是有著淡淡寒煙籠罩山水，而孤舟在蘆葦叢中幽靜停泊的禪意。

一支悠悠的笛音，劃破這片秋意，讓人不禁神往。

這首詞厲害在，李後主是在思念故國的，但他把思念，化成了一種長鏡頭的視角，把我們的視線，拉高到像載著鏡頭的無人機，緩緩地滑向江南，追隨他所熟悉的每一個場景，讓你看到春天的江南，讓你看到秋天的江南。讓你看到忙著看花的人潮，讓你看到在城裡揚起煙塵的往來車輛。讓你看到春天在江南緩緩而來。

這鏡頭，跳過季節。讓你看到淡淡寒氣中的江南。讓你看到秋天江南草長，自有一番清幽的江南。這是清秋你不可能忘懷的江南。

這首詞，沒有淚眼汪汪。

這首詞，也沒有悲慟吶喊。

有的，只是李後主在汴京難得的，一種冷靜下來，而後濾清他的痛苦，沉澱他的思維，而後寫下的江南風景。

這些風景，是任何人都剝奪不了的生命記憶。是已經深深烙印於李後主記憶裡的DNA。除非他自己老去，而失智，而混淆。否則，其他人是不可能剝奪的。甚至，殘酷一點講，正因爲其他人不可能剝奪，李後主才會過得那般痛苦，那麼掙扎。

也難怪，他要一再的，日夜的，借酒消愁，試圖以酒精來麻痺自己。

但他怎能忘記李白的告誡：抽刀斷水水更流，舉杯消愁愁更愁呢？

他是一代詞宗。他也是一代文青，一代老靈魂。往事既然不可能如煙，藉酒消愁，不過是更激發他訴諸於文字的動能而已。

我甚至相信，這首〈望江梅〉，那首〈望江南〉，他都應該是喝了酒之後，在愁上加愁的煎熬中，一個字一個字寫下的。只是，這首〈望江梅〉有著出奇的冷靜。因而，我自己是不願意，把它拿來跟另一首〈望江南〉並列在同一個詞牌下的。我寧可殘忍的相信，李後主寫這一首詞時，他是清醒的，用一個字一個字如刀一般的，刻在自己的心上。

他要告訴俘虜他的大宋皇帝，汴京即便再怎麼繁華，他依舊是那個沉湎於江南故國的小朝廷皇帝。他來自江南。即便不可能再回去，但他的靈魂，終究是屬於江南的。

不信嗎？不信，你就殺了我啊～

我相信，北宋的皇帝，是有感覺的。

不然，不會最終不放過李後主。

35

回首恨依依。
一篇殘稿〈臨江仙〉暴露出的李後主性格

李後主是個「很矛盾」的人。

身爲一位帝王，他飽讀詩書，生在帝王世家，在五代的亂世裡，不會不知道一旦亡國，一旦淪爲俘虜後的下場。但他在位時，無從勵精圖治，奮發圖強。宋軍兵臨城下時，又不敢自盡以謝祖宗。到了汴京，當了俘虜，卻不能效法劉禪「樂不思蜀」，反倒終日緬懷故國，以淚洗面，還訴諸於文字！終惹得宋朝皇帝不爽，賜他一壺牽機毒酒，一了百了。

也許他注定是個多愁善感，矛盾困惑的人吧，於是，才有了「文學」的空間，任由他揮灑。

在李後主留下的詞裡，有一首是蠻特別的。

說好嘛，談不太上。
說不好嘛，也不能那麼講。
因爲，它是一闋「殘稿」。
它叫〈臨江仙〉。
我們先看這闋殘稿。

櫻桃落盡春歸去，蝶翻金粉雙飛。子規啼月小樓西。畫簾珠箔，惆悵卷金泥。
門巷寂寥人去後，望殘煙草低迷。□□□□□□□。□□□□，□□□□□。

若依照上下闋來看，下闋應該遺漏了十六個字。
這到底怎麼回事呢？
原來是有故事的。
宋朝大軍往南進發時，是水陸兩軍並行的。爲了斷絕南唐首都金陵的外援，宋朝的水路大軍，是沿長江中上游，一路東下。陸軍很早便逼臨金陵外圍，水路也勢如破竹。整個金陵城足足被圍困了一年左右。

甕中之鱉的李後主，完全沒有突圍的策略，亦無殉國的決心。在這一年的圍城裡，他是怎麼過日子的？我們僅能從片片斷斷的記載中，去捕捉。

可以較確定的是，困在城裡的李後主，似乎全心全意的把希望寄託於他篤信的佛教上。李後主本來就潛心學佛，在國事蜩螗，小朝廷的偏安形勢愈來愈險峻之際，李後主愈把自己埋入宗教的寄託上，看來也是人情之常，卻實在不是一個面對現實的皇帝該有的作爲！

有記載是這麼描述的。

宋軍圍城時，李後主進佛寺祈禱的次數益發頻繁。

在宋軍攻城愈來愈兇猛時，李後主或許是急了，「倉皇中作一疏禱於釋氏（卽釋迦牟尼佛），願兵退之後，許造佛像若干身，菩薩若干身，齋僧若干萬員，建殿宇若干所，其數皆甚多。」

簡單講，就是人家大軍圍城，你的南唐部隊在城頭上浴血奮戰時，你這堂堂皇帝，不身先士卒，在前線上鼓舞士氣，反而躲在佛寺裡祈禱，許這個願，許那個願的，有用嗎？這不是像一個小孩子，在打雷的夜裡，一直懺悔說以後要孝順，要愛國一樣的可笑嗎？雷雨會過去，但人家大軍壓境，就是要消滅你啊。

這段文字還有下文。看到這疏禱文的人，還描述了他的第一印象。

「字畫潦草，然皆遒勁可愛，蓋危急中所書也。又有看經發願文，自稱蓮峰居士李煜。」

這些記載，讓我們看到了一位無能的皇帝，寄託於宗教信仰的逃避心態。到了最後關頭，他仍在祈禱佛祖保祐，逃過此劫。然而，人家大宋皇帝，早就說了「臥榻之側，豈容他人鼾睡！」你不奮力自強，誰能保祐你呢？

好，這段敘述，跟那首殘稿〈臨江仙〉有何關係呢？

有的。有的，關係可大了。

因爲，記載這段文字的人，同時也提到了，在這些疏禱文，發願文中，就有一闋沒寫完的詞，就是這首〈臨江仙〉。

至於爲何是殘稿？也有不同說法。

一說，是作於城將破之際，李後主還沒寫完，宋軍就攻進皇城了。

另一說，是有全文的。全文的後面十六字，是「爐香閒裊鳳凰兒，空持羅帶，回首恨依依！」

還有一說，根本否認這首詞是李後主作的。認爲詞裡感嘆的是春天的景物，並不是金陵城被攻下的冬季。但替這首詞辯護的人則反駁，說李後主既然被困了一年，這首詞寫於春季，未嘗不可能。不過這樣辯護，似乎又等於否認了，這詞是在城破之際，倉皇寫下的傳奇性?!不是嗎？

我們先不管到底〈臨江仙〉的來龍去脈如何，不妨就詞論詞吧。

大文豪蘇東坡的弟弟，也是文壇一把好手的蘇子由（蘇轍），就批評這詞，「淒涼怨慕，眞亡國之聲。」顯然不是那麼好評。

的確，國都要亡了，大軍都攻城急迫了，你堂堂一國之君，還在那「詠春」，還在那「望春景而興嘆」！這什麼跟什麼啊？難怪，志氣高昂的蘇轍，要批他亡國之聲了。

但話又說回來，這不就是李後主的「人格特質」嗎？他要是積極有爲，又何來「帝王詞家」的封號呢？

這首〈臨江仙〉好或不好呢？

我覺得不是李後主的佳作。比起他前期佳作的靈動活潑，或思念親人的感情眞摯，這詞稍稍造作；比起後期身爲俘虜，內心的沉痛，受盡屈辱的直白吶喊，這詞也失之於堆砌。唯一可以替他辯解的，只能說，人在城外大軍廝殺，兵荒馬亂的當下，李後主勉強想寫首詞來平撫自己的情緒，但終究心思紊亂，難以發揮正常的水準吧！

春天就要過去了。

春花凋零，蝴蝶雙飛，杜鵑在月夜裡啼叫。（杜鵑啼血，令人難眠。）

宮殿裡塗滿金箔的畫簾，空空蕩蕩。（一片低迷氣氛。）

推門望去，長巷虛空，殘煙飄渺。（可能是春霧，可能是硝煙。）

刻著鳳凰的爐香，香煙裊裊，我站在那，手持衣帶，回首望去悔恨不已啊～

這果然是「亡國之聲」。也是〈臨江仙〉被視爲是李後主最後一首，在金陵城裡的作品。之後，他就要素衣素服跪在那，等著宋朝將領曹彬，領他入京當俘虜了。

他怎能不回首恨依依呢？

但，一切都來不及了！

36

千古以來，靈魂的孤獨有解方嗎？
獨自莫憑闌。

一年四季，春夏秋冬，大季節小天氣，是不會因人而變異的。

你心情好，天氣未必好；你心情差，陽光也令你礙眼。然而，人卻是以自己的處境、心境，爲衡量外在景致之尺度的。這也是文學，或藝術，有意思的地方。

千百年前，詩人的感嘆。千百年後，你若有相似的心境，照樣感動不已。

西元十世紀末，李後主的詞如此；西元十九世紀末，挪威畫家愛德華．孟克的名畫〈吶喊〉何嘗不是？

李後主淪爲俘虜的心境，你我很難經歷，但爲何你我會被感動？

文字的魔力，意境的連結，你自身在某種情境下，說不清楚卻很有事的情緒，在一瞬間，被他的文字打到了！於是，你便跨越時空，在他的詞裡靈魂飄盪。

被稱為表現主義畫家的孟克，他為何用強烈的色彩，扭曲的線條，茫然的眼神，張大的嘴巴，做出無聲的吶喊？

他有他的理由，在那畫作的當下，而你呢？卻在一百多年後，望著那張畫，久久不能自已，為何？

可能一百個賞畫者，可以說出一百個不同的理由。不過，他們顯然都在那張畫作之前，被觸動了內心深處的某一個點。於是，也久久不能自已。

因為，我們都是人啊！是有著情緒，有著靈性，也有著壓抑，有著挫折的人啊！

我們或許無從理解自己的處境到底為何，但一旦某個創作者的作品，以色彩，以文字，以造型，觸動我們內心的某一個點時，我們便超越了時代，與之對話了。

在落雨，微寒，孤獨的時刻，我特別喜歡李後主的〈浪淘沙〉。

「簾外雨潺潺，春意闌珊，羅衾不耐五更寒。」

一出場，便是心境荒蕪的人，所能感受的寂寥。

同樣是落雨微微，同樣是春寒料峭，爲何此時此刻，你感覺冷，感覺異樣呢？因爲，你在異鄉是異客，還是俘虜啊！

「夢裏不知身是客，一餉貪歡。」

果然，唯有在夢裡，你才可以稍稍忘卻現實，回到過去，回到你曾經擁有的那時。哪怕是一時片刻的夢裡貪歡，也好啊！但你終究是要醒來的。而且，是在春寒料峭中，被凍醒。醒來了，望著落雨聲，你不可能再入夢了，現實中，你不再是以前的你，你是醒來後，要面對的「不想面對的你」。

怎麼辦呢？

「獨自莫憑闌！無限關山，別時容易見時難。」

醒來的你，多想披上外衣，踱步到房外，依憑著欄杆，望望遠方春雨濛濛的煙景啊，但你怎麼能忍受，一個人憑靠著欄杆，望向遠方，千重山，萬重水的遠方，你的故國，你的故鄉呢？離開它，看似容易，要再回去，如何可能?!

「流水落花春去也，天上人間！」

春寒料峭，春雨濛濛，被雨水打落的花朵，被水流一汩汩的漂走，漂走的去了天上，被留置的仍在人間，天人永隔，如同春光一去不復返。

任何人讀到「流水落花春去也，天上人間」這句，都會被深深吸引。這十一個字，沒有一個是複雜詞彙。流水，落花，都是寫看到的實景，串接著春去一詞，基本構成一連串的意象，就是春天要過去了。

然而，爲何春天要過去了，那麼令你哀愁呢？

一是時光悠悠，你總留不住它。

二是顯然你的此刻並不好過，你遂想起好過的以往。

三是春光易逝，下一步呢？你並不確定。

天上人間，這句很美，卻也不容易詮釋，是落花已逝，宛如與你告別，如天上與人間之別之遙嗎？還是，你望著春光美景，無限感傷，多希望留住這片刻，卽便知道短暫，但至少短暫的像留在天上的人間仙境啊！

看來試著解讀李後主這首詞的人，各有見解。但這也是李後主入宋後，詞的意境大幅躍升的關鍵，他更能應用淺白的文字，表達無限的涵義了。

我爲何在細雨濛濛的清晨，讀這首詞，會聯想到距離他近九百多年後，畫家孟克的〈吶喊〉呢？

沒有什麼特殊的理由，就是我彷彿隔著時空的距離，在李後主的淺白的用字裡，聽到他在清冷寂寥的春天將逝的清晨裡，無聲的吶喊。就想起，我以前初看孟克的〈吶喊〉時，便呆呆地震住了。那鮮豔、強烈的背景顏色，那驚慌到有些茫然的神情，在變了形的臉龐上，一張口，誇張的，拚命擠壓出你聽不到的聲音，你不知道他在喊什麼，但你知道他在拚出生命最尖銳的吶喊！

千百年來，人有著太多的委屈，人有著太多的無奈，並不是很多人都快樂的，於是，我們有了文學與藝術在每個不快樂的時刻，它們靜靜地扮演著承接你的情緒，你的憂傷，你的不快的角色，雖然它們未必能幫你解決什麼實質的困境。

然而，人生又有哪些實質的困境，你真的能一一解決呢？

有時，我們只是需要坐下來，喝杯咖啡，泡杯茶。在一個人的時候，望著窗外雨聲潺潺，用別人聽不到的吶喊，喊出我們自己的心聲。

一千年前李後主的〈浪淘沙〉，讓我想到了九百多年後孟克的〈吶喊〉，而我，又距離孟克有一百多年了。

千古以來，人的靈魂孤獨，有解方嗎？

也許，這正是我們迷戀李後主詞的關鍵答案。

37

金鎖已沉埋，壯氣蒿萊。意外吧？李後主也能這樣寫呢！來，讓我為你說後面的祕密

在汴京當俘虜的李後主，之所以無法像蜀漢後主劉禪那般「樂不思蜀」的逍遙，除了個性使然外，當然也跟際遇脫不了關係。至少劉禪在魏國的都城洛陽，處境就沒有李後主那般悲慘。

當時在魏國已經掌權的司馬昭，至少沒有傳出類似宋太宗那樣惡劣的行跡，要劉禪的妻妾去陪侍！而且，史料上看來，司馬昭對他禮遇有加。

一代國主，身爲俘虜，已經不堪了，還要在宋朝大臣，南唐舊臣的眼前，忍受「保護不了」自己妻子的侮辱，你叫李後主怎麼受得了？

他又是個軟弱，敏感的文青皇帝，怎能不以淚洗面，哀戚終日呢？困境已然造成，後悔

無益，但不後悔又怎麼調適自己的壓抑與不平衡呢？

他在汴京的詞，不是追憶往昔，便是惦記故國，無一不是一把辛酸淚堆砌出來的，說慘，也眞是慘！

李後主在汴京，寫了兩首〈浪淘沙〉，最有名的，當然是開頭「簾外雨潺潺，春意闌珊」那一闋，但另一首，如果了解他的悲憤，他的氣結，他的懊惱，他的悔恨，那就更能理解並欣賞這首詞的意境了。雖然相對而言，這首詞沒那麼出名。

〈浪淘沙〉：「往事只堪哀！對景難排。秋風庭院蘚侵堦。一任珠簾閒不捲，終日誰來？」

往事不堪回首啊，想來都是悲哀。望著眼前的景物，內心痛苦難以排遣。秋風陣陣，孤單的庭院裡，苔蘚都爬上台階了，門上掛的珠簾，懸掛在那隨風擺盪，像在等待誰來造訪嗎？

這是李後主內心劇場，與外在場景的平行描述。內心劇場，全是往事不堪；外在場景，盡是孤寂蕭瑟。

「金鎖已沉埋，壯氣蒿萊！晚涼天淨月華開。想得玉樓瑤殿影，空照秦淮。」

這下半闋，李後主是有用典故的。

南唐首都金陵城，是三國時代的東吳都城，又名石頭城。三國的故事，膾炙人口，蜀漢也罷，東吳也好，最終都被魏晉滅亡。李後主在汴京當俘虜，回首往昔，不會不對照今昔的。所以他才用了晉滅東吳的一個軍事典故。

跟宋滅南唐很像，水路的決戰是勝負關鍵，當年晉軍大舉沿長江而下，東吳爲了抵擋晉軍的船艦，竟想出一條計策，用鐵索橫江布陣。當然這計策最終是失敗的，東吳的最後一招用完，國門也便洞開，國家也就滅亡了。

所以李後主說，「金鎖已沉埋，壯氣蒿萊！」當年的鐵索已經沉在江底了，昔日的豪氣之地如今遍布野草。

而今呢？

「晚涼天淨月華開。」到了晚涼的時分，天空一片淨朗，月光明亮的掛在天上。

這句很棒，很有宇宙浩瀚，四時輪轉，不因物喜，不因物悲的味道。

接著，李後主突然又從看似豁達，看開的心境，一下子又把心情，拉回到他的感傷上。

「想得玉樓瑤殿影，空照秦淮。」

昔日在南唐時我熟悉的宮殿瓊樓，在我離開之後，是怎樣的狀況呢？唉，恐怕隨著月光的映照，倒影在秦淮河畔吧！

這首〈浪淘沙〉迥異於另一首，在於它相對含蓄，而且相對於入宋後，李後主的詞往往以直白的修辭，無盡的深意，來表達他的思念故國之痛。這首詞則明顯婉約得多，而且用典。

宋詞後來的發展，愈趨精緻化，用典成為不得不然的選擇。可是，李後主的詞，在詞的轉折年代，加上他的身世特殊，因而他「麤服亂頭」，亦不失國色天香！正因為，他的痛苦，不需要修飾，直白鋪陳，恰到好處。

因而，這首〈浪淘沙〉便顯得獨特，李後主用了典故。

可是，這典故用得如何呢？

我認為，恰如其分。

因為他用的典故，剛好是歷史上南方國度的哀愁，總是被北方來的強權給吃掉！又由於，北方強權吃掉南方政權後，還是把權力舞台放在北方，於是南方曾經有過的繁華，南方政權曾經據以為都城的金陵城，即便再怎麼雄偉，而今在權力的邊陲地帶，不是浪打空城黯然失色，便是秦淮河畔鶯鶯燕燕，都只能淪為陪襯角色。怎不叫曾經目睹其盛況的李後主感慨萬千呢？

其實，李後主用東吳亡國的典故，心裡頭除了感傷外，恐怕還有層抹不去的陰影在。

為何呢？

不要忘了，前朝往事，還有南北朝的陳後主啊！

魏晉南北朝南方最後一個小朝廷是宋齊梁陳的陳朝啊！它最後一個皇帝是有名的荒淫之主陳後主，「商女不知亡國恨，隔江猶唱後庭花。」

李後主取東吳的典故，是兩害相權取其輕吧，畢竟他自認不是個荒淫無道的國君，絕不是陳後主。但，東吳的亡國之君，孫皓，難道又是英明之主嗎？絕不，很可能更糟，因為孫皓不僅好色嗜酒，尤其耽溺女色，暴虐無道。總之，搞到亡國，並非沒有理由的。

同樣都是建都於金陵，同樣都是末代皇帝，同樣都被俘虜，但孫皓默默無聞了，劉禪留下「樂不思蜀」的典故，陳後主靠「商女不知亡國恨」留名，唯獨李後主，讓人往往忘了他是亡國之君，反倒同情起他！

這無非是「文學成就」成全了他。

誰說，文學沒用呢？

李後主寫到「金鎖已沉埋，壯氣蒿萊」的時候，會不會私下也慶幸，還好，還好他沒有御駕親征，壯烈成仁，否則歷史早就遺忘他了，不是嗎？

還好，他當了文青皇帝，做了文青俘虜，李後主的形象，於焉不同了！

38

憑闌半日獨無言。若早知道宋太祖看透他，李後主會不會做出不一樣的抉擇呢？

幽居在敵國的京城，當俘虜的李後主，經常飲酒，迷途於酒鄉之路。

這當然反映了他的心境。

他並不是眞心享樂的，而是借酒消愁。孰知，愁必然更愁呢？連曠達的詩仙李白，都無法擺脫內心深處的萬古愁了，何況，本來便多愁善感的李後主呢？

「醉鄉路穩宜頻到，此外不堪行。」

可以想像，經常在飲酒之後，跌跌撞撞的李後主，腳步是如何的踉蹌？心情是何等的懊悔。

李後主有一首相對沒有那麼知名的〈虞美人〉，說它相對沒有那麼有名，乃因另一首起頭句是「春花秋葉何時了」的〈虞美人〉，很多人都印象深刻，甚至可以背誦了。而這首，意境沒那麼直白，用詞也典雅許多，但鋪陳的情緒，卻也有它「很李後主」的心路歷程。

史料上記載了，李後主面對他的舊臣徐鉉來探望，君臣對坐感嘆之餘，李後主說「後悔當年殺了潘佑、李平！」話傳回宋太宗那，種下了殺機。

李後主的「單純」，固然讓他「自己置身於險境」。然而，他的身為一國之君的「單純」，卻也讓他在做皇帝的時候，犯下不少的錯。其中，就包括了他殺了好幾位「有可能」讓他不做亡國之君的「忠臣」或「諫臣」。

這首〈虞美人〉是怎樣寫的呢？

「風迴小院庭蕪綠，柳眼春相續。憑闌半日獨無言，依舊竹聲新月似當年。」

春風吹拂著院子，綠意盎然了，柳樹嫩芽冒出來，又是一年的春天了。但我依靠在欄杆上遠眺，大半日子都沉默寡言，炮竹聲裡一輪新月高掛天空，一切都像昔日的情景啊！

「笙歌未散尊前在，池面初冰解。燭前香暗畫樓深，滿鬢清霜殘雪思難任！」

酒席還在進行中，音樂歌舞與美酒都在自己眼前，而窗外水池結的冰逐漸隨春天腳步在融解了。美麗的畫樓在燭光香爐的氤氳中，透出它的深影，我已經是鬢角泛白，跟窗外初春的清霜殘雪一樣，難以負荷這樣的哀愁啊！

這首詞的美，美在它有無盡的懊悔與哀愁，但一切都來不及了。春天，應該是冬日之後，帶來無限生機的，可是，對一位困坐愁城的人來說，春天只會讓他更增添對照自己困境的強烈對比。一切是那麼樣的生機勃勃，但我卻一籌莫展。

「憑闌半日獨無言」，這畫面多感傷，一個人即使心中再多感觸，也只能倚在欄杆旁，終日沉默。

這首詞的下闋非常傳神，酒席笙歌都還在進行式，但你已經無心享樂了，反而心思飄到窗外，望著結冰的池水，看它漸漸的融冰，但我心底的冰何時能融呢？

最後這兩句，我超喜歡的，像電影畫面，拉出一個環繞主人翁的長鏡頭，靜靜的，深邃的，讓我們看到主人翁的孤獨，因內心滿滿的哀愁、懊悔、痛苦，而早生華髮的蒼老。

這蒼老顯然不是這年紀該有的，而是被內外交迫的壓力，給催逼出來的蒼老。

鏡頭拉遠，李後主坐在那，光影搖晃，暗香浮盪，原本這類似的畫面，是一個人曾經有過的歡樂時光，如今，卻是時空換了場景，從皇帝淪爲階下囚，怎不令人感傷，不令人哀愁呢？

「燭前香暗畫樓深，滿鬢淸霜殘雪思難任！」然而，再怎麼不堪，也是你自己造成的啊！不是嗎？

不斷陷入懊悔，痛苦的李後主，後悔殺的豈止有潘佑、李平呢？

他後悔的，應該還有更多吧！

例如，曾經率領死士千人力抗後周建功的南都留守林仁肇，「沈毅果敢，文身爲虎，軍中謂之林虎子」，他曾經獻策李後主，讓自己當「壞人」，以「叛變名義出兵攻宋」，成功是國家之功，失敗則自己當叛臣誅九族，但李後主不敢便罷了，竟然還聽信讒言，最終殺了林仁肇！換來「國勢如此而殺忠臣」的輿論評價。

又例如，李後主曾經數度抗拒宋太祖的召見，還曾豪氣的說：如果有一天宋朝大軍來襲，他會穿上戎裝，親自督軍，背城一戰，以存社稷。再不然，便把所有寶物聚集起來，與自己一起自焚，終不作他國之鬼。類似的記載，用詞不一，但大致上是有的，可是若對照他自己後來的詞，說自己「幾曾識干戈」來看，他似乎又把自己看成是一介軟弱書生?!沒那麼豪壯！

這些矛盾，最好的解釋，無非他就是一個優柔寡斷，看似單純實則容易偏聽的領導者。國家沒事，當個平庸皇帝無妨。國家有難，他就處處露出無能無奈的窘態了。

宋太祖是怎麼看李後主呢？

聽說，他聽到李後主說要背城一戰，以死謝國時，他只是對左右大臣說，而且顯然是態度輕蔑的說：「此措大兒語耳。徒有其口，必無其志。渠能如是，孫皓、叔寶不爲降虜矣。」

「措大兒語」就是說大話的意思。

宋太祖還替我們加碼解釋，李後主只剩一張嘴啦，根本沒有那志氣，那膽子！如果眞能這樣，那東吳的孫皓，南朝最後的陳叔寶，也不至於淪爲俘虜啦！

換言之，宋太祖就是瞧不起李後主的。

當然，很多史料或記載不免有「成者英雄，敗者狗熊」的後見之明，可是，宋太祖畢竟是後周英明的皇帝柴榮手下最強悍的將領，所以才有「陳橋兵變」、「黃袍加身」的戲碼。他非吃下南唐不可，他要完成歷史上北方強權吃掉江南偏安政權的拼圖，這也是李後主一個文人皇帝「不能承受之重」！

他走向失國，有當時國家競爭力對比的落差，是客觀條件的必然。但毫無疑問，亦有他個人治國能力的不足，個性反覆苟且的無奈。只是一切都來不及了，他最終只能「醉鄉路穩宜頻到，此外不堪行。」

夠悲涼吧！

39

想得玉樓瑤殿影，空照秦淮。解開李後主「必死的密碼」（上）

宋朝開國兩位皇帝，陸續統一了大江南北，唯獨燕雲十六州留下缺口，戰略高地控之於人，北方無天險可守，導致了後來的「靖康之難」，結束北宋。但對陸續被消滅的十國而言，北宋無疑仍是強大的。

陸續成爲宋太祖、宋太宗「階下囚」的亡國之君不少，但後世留名千古的，唯有李後主。幸耶，不幸耶，當然要看你怎麼看了。

十國的小皇帝，只有吳越國的錢俶是主動投降的，其他的都是北宋以武力降服的。但只有李後主死於非命，其他人都算善終。可見兩位宋朝皇帝，基本上並不嗜殺，李後主實在沒理由活不下去。

錢俶投降宋朝後，日子過得戰戰兢兢。

歷史記載，他非常節儉，再三告誡家人子孫要低調，不要招搖惹事，簡單過日。宋朝皇帝對他很大方，賞賜不斷，但錢俶仍舊穿著普通，言必稱大宋吾皇。換句話講，他在宋朝的日子，日夜「小心翼翼，誠惶誠恐」。

他誠惶誠恐到何等程度呢？

說來令人辛酸，做大國皇帝的「皇家俘虜」，日子不好過啊！

那是一種心理上的不安。

那是一種過一天算一天的惶恐。

那是一種你不知道今天笑臉迎你的皇帝，明天又會變怎樣的一張臉對你。

宋太宗曾經在一次接受北漢受降的儀式上，一邊當眾下令誅戮幾位降將（很血淋淋吧），一邊還與吳越王錢俶飲酒，並賞賜錢財（錢俶一定嚇得臉色發白吧）。這場受降宴，你可以想見錢俶內心的小劇場會有多複雜了。盛裝之下，我猜，他內裡全身八成都濕透了。

宋太宗在幹嘛呢？

當然是一種炫耀無誤，但同時也是一種帝王統治術的展現，一則對頑抗的對手，毫不留情的殺殺殺。另方面，則對安順我的降者，示範以籠絡的恩寵，但也等於警告了你，不要給我搞鬼啊。

在場的「皇家俘虜們」，哪個不膽戰心驚呢？

李後主最終是被賜以牽機毒藥，痛苦而終的。

這皇帝「賜酒（賜藥）的遊戲」，有著非常毒辣的政治謀略。

皇帝賞賜的東西，無論如何臣子都不能拒絕。

皇帝賞賜的食物，你不能說叩頭謝恩，大喊「吾皇萬歲萬萬歲」之後，打包帶回家，把它分享給下人，或偷偷把它倒掉不吃。你試試看，那可是要殺頭的「忤逆龍顏」啊！

歷史上，多的是這樣的記載，皇帝賞賜臣子藥石、食物，在皇家欽差（通常是宦官）的面前，你必須當眾吃下，或喝下，以示你對皇帝賞賜的忠誠回報。於是，心知肚明皇帝這回是要你死的情況下，很多場景是吃下賞賜的人，一邊告別家人，一邊叩謝皇恩，一邊涕泗縱橫，那場景是非常「超現實的戲劇化悲情」。

吳越王錢俶怎會不知道這種皇帝賞賜的背後，隱含多少「要你死」的謀略呢？於是，他始終是誠惶誠恐的過每一天。

有一回，與皇家親密的一位宦官趙海，聽說他生病了，便來看他。聊過天後，順手留下一些藥丸，給他治病。

趙海走後，錢俶與他家人，對這些藥丸嚇壞了，整夜不知如何是好，吃還是不吃呢？後來消息傳到皇帝那，才知是一場誤會。皇帝為了釐清這誤會，不但再次賞賜了錢俶，還把那留藥的趙海，貶斥流放出去。

這看似「一場鬧劇」的笑話，背後突顯的「伴君如伴虎」，懸命旦夕的焦慮，絕對不是現在我們生活於民主體制內的人，所能理解的。

最終，錢俶是善終於大宋皇朝的。他的子孫融入了北方，在宋朝統治下，融為效忠的臣民。

那為何獨獨李後主，宋朝皇帝「不放過他」呢？

這的確是個好問題。

宋太祖、宋太宗都不是嗜殺的皇帝，並不荒淫暴虐，「杯酒釋兵權」的典故，顯示了他們對武將擁兵自重固然多所疑慮。但相對的，他們必須對文人儒士，給予非常之禮遇，方能彰顯宋朝立國的文人精神。

十國相繼降宋的小皇帝，唯有李後主不得善終，其他雖然不免日子過得緊張兮兮，卻都逃過了死劫，爲何？

綜觀全局，關鍵應該出在李後主的「人格特質」上。這人格特質，又顯現在他「好爲文詞」的文青風格上。

爬梳史料看起來，相較於其他皇家俘虜在宋朝皇帝面前的誠惶誠恐，李後主似乎總給人「心不在焉」，或「沒那麼積極表態」效忠的感覺。

對比史料，獲得這樣的印象，我們也並不意外，這不就是李後主的人格特質嗎？啊，他就是一個「多愁善感」的文青啊！

別的小皇帝，知道命已如此了，剩下的無非是保住餘生，在別人的陰影下過日子，有事沒事，當然歌頌一下吾皇萬歲萬萬歲。但李後主即便做得到，也一定表情很不自在，內心一定極爲掙扎而痛苦。

這就是他人格特質上，「做皇帝」與「做文人」，「做文人」與「做俘虜」的掙扎。終其一生，這種掙扎都在困擾他、痛苦他。最終，逼使他不得善終。

宋朝開國兩位皇帝，雄才大略，怎會不明白這樣的李後主是個麻煩呢？

麻煩不在你可能搞武力叛變，那是不可能的了。而麻煩在你「打心底深處」就是個「不順從主義者」，你跪在那，嘴裡喊著謝主隆恩，心思卻可能飄啊飄的，回到了江南，回到了過去，回到了你當小皇帝時的鶯鶯燕燕，江南情懷上。你哪裡可能效忠大宋皇朝呢？

別忘了，宋太祖說過的，「臥榻之側，豈容他人鼾睡」！

如今你在大宋國境了，竟然還在「想得玉樓瑤殿影，空照秦淮」，眞是活得不耐煩了！

40

想得玉樓瑤殿影，空照秦淮。
解開李後主「必死的密碼」（下）

曾經滄海難爲水。做過皇帝的，如今俯跪在另一位皇帝前，喊著吾皇萬歲萬萬歲，看著昔日自己的朝臣，跪在自己身旁，也對著另一位皇帝喊萬歲，他們看到你時，眼神不敢直視，似乎要盡快甩掉昔日的君臣之誼！

那感覺，的確不舒服。

但，你若是一般小皇帝，可能很快便識時務爲俊傑了，知道今非昔比。卽便你無法像劉禪那樣，快樂到「樂不思蜀」。但你也應該不至於，非要搞到像李後主那樣，逼自己於死境吧！

然而，你若是個心思細膩到，極爲敏感的人呢？你卽便理智上，知道今非昔比了，「接受」了事實，但你的內心深處，硬是無法「承受」這樣的巨變，你怎麼辦才好呢？

無疑的，李後主是非常之痛苦的，痛苦到借酒消愁愁更愁。

無疑的，李後主是靠緬懷往事的美好，無限江山的綺麗，來支撐自己在汴京現實生活裡，看不到盡頭的苦楚。

然而啊，愈是這樣，他愈痛苦。

他怎不忐忑呢？

宋太宗羞辱他，召他的小周后入宮服侍，動輒數日才回，他怎能忍受小周后回來後，痛罵他無法保護妻子的無能？他怎能忍受上朝時，面對昔日朝臣，眼神裡閃爍的聽聞小周后入宮服侍的八卦呢？

痛啊，都是痛啊！

他怎不忐忑呢，皇帝一朝翻臉，你就不再是階下囚，而是刀下鬼了！吳越王錢俶的焦慮，李後主有，其他皇家俘虜何嘗沒有呢？

我讀李後主的史料，心頭常常湧現一些畫面：十國裡，這幾位被滅國的俘虜小皇帝，上朝時，跪望威嚴的大宋皇帝，彼此會不會盤算著，到底我們幾位皇家俘虜，誰會比誰更早死呢？

南漢的皇帝叫劉鋹，他被封為「恩赦侯」，跟李後主的「違命侯」相較，稍稍好聽一些，但用意也很清楚：你是有罪的人，只是我大宋皇帝恩赦你無罪而已。

正因為如此，劉鋹入宋後，提心吊膽，隨時怕宋朝皇帝翻臉殺他。

他怕到什麼程度呢？

怕到也鬧出一場鬧劇，好笑的鬧劇。

有一天他奉詔出席一場宴會，他到了，周邊並無其他大臣，他嚇得膽戰心驚。這時，宋太祖突然賜他一杯御酒，他嚇得跪倒地上，哭了。他對皇帝哭訴，過去當小皇帝時雖然屢屢犯錯，但歸順大宋後，並無貳心，而且他不貪圖富貴，寧可苟全性命當大宋統治下的一介平民就好。

說完，免不了要三跪九叩，高喊吾皇萬歲萬萬歲吧。

宋太祖被他這一舉動，也嚇到了。但是，是嚇出一陣狂笑。因爲宋太祖並未賜他毒酒，純粹是你既然先到了，就「陪朕喝一杯吧」的概念。沒想到，卻讓多心的劉鋹，嚇得屁滾尿流。

劉鋹的故事，呼應了錢俶的故事，都讓我們看到了，寄人籬下，做皇家階下囚的「亡國之君們」，日子是如何的不好過。能像劉禪那般，的確非常人所及。

看到的史料，大致上都表明了歸順大宋的十國君主，「都很安分」。這安分之意是指，他們不但毫不猶疑的效忠表態，私底下亦很謹慎惶恐。例如：錢俶便一而再再而三的要求親人，要低調，不要招搖。

但「安分守己」這意思很麻煩，你是心服口服的安分，還是口服但心很難講的安分呢？傳統帝王統治，有一招入人於罪的手法，叫「腹誹」。你嘴上沒說，但你心裡有鬼，腹誹就是誹謗在你肚子裡也不成。這是非常控制人心人性的統治術，對文人文青而言，非常之殘酷。

文人文青，之所以謂之「文」人「文」青，不就因爲他動輒要心有所感，發而爲文嗎？自古以來，文人文青是很難「閉口安分守己」的。

身爲階下囚的李後主，明明可以像其他幾位十國的小皇帝一樣，安分守己，戰戰兢兢過日子卽可，那他也一定有善終的機會。

弔詭的是，今天我們誰記得錢俶，誰記得劉鋹呢？除非你研究五代十國史。

今天我們雖然記得蜀漢後主劉禪，但多半當笑話看，「樂不思蜀」的亡國之君。

你爲何千年不忘李後主?!

不就因爲，他在汴京的不到三年裡，總是仰頭嘆息，思念江南，觸景傷情，發而爲文，寫出了一篇篇動人的詞，讓我們知道了「肉體可以禁錮」、「靈魂不能枷鎖」的強烈張力嗎？

他不知分寸的，對老臣感嘆，後悔殺了當年勸他振作的忠臣，固然是他始終單純的證據。然而，他內心深處，做爲一個詞人的憂戚與憤慨，恐怕才眞正是大宋皇帝最放心不下的風險吧！

> 詞，在五代十國，逐漸取得取代唐詩的地位，李後主在這階段，扮演了「轉折的角色」。

他入宋後，詞風一變，變成從《詩經》以來，主流趨向下，詩詞傳統的感時憂懷的路徑，這對北宋的詞風，影響很大，王國維評論他，說詞到了李後主轉爲士大夫之詞，可見他內心的愁苦，轉化成文字後，魅力有多大了！

對帝王而言，容許你這樣不斷的感時憂懷下去，對統治者的威脅又有多大？某種意義上，宋朝開國兩位皇帝，對李後主的確是「另眼相看」的。李後主與其他投降的小皇帝一樣，都寄人籬下，看人臉色過日子。然而，李後主「內心自有一片天」，在那片天地裡，他「仍是一個帝王」，他仍擁有「不順從的自由」，這才是兩位宋朝皇帝，對李後主「最不放心」也「最想摧毀他」的原因吧！

李後主怎能不死呢?!

我們再來回顧一下〈浪淘沙〉吧。

「往事只堪哀！對景難排。」

痛苦啊，往事歷歷，使人哀愁，面對眼前景物，能說什麼呢？

「秋風庭院蘚侵堦，一任珠簾閒不捲，終日誰來？」

秋風淒淒，庭院台階都長苔蘚了，珠簾掛在那，很久沒捲起了，因爲沒有訪客。

「金鎖已沉埋，壯氣蒿萊！」

金鎖早沉入江底，豪情也早被野草掩埋。

「晚涼天淨月華開。想得玉樓瑤殿影，空照秦淮。」

晚涼的天候，月光亮起，那些玉樓瑤殿的往事啊，徒留下秦淮河上的月光倒影。

走不出往昔的李後主，讓宋朝皇帝不放心。但走不出昔日的李後主，卻讓我們千百年後讀他的詞、想他的人，遙念一顆孤絕的靈魂，照亮千萬人的心。

附錄

——烏夜啼——

昨夜風兼雨，簾幃颯颯秋聲。燭殘漏滴頻欹枕。起坐不能平。
世事漫隨流水，算來一夢浮生。醉鄉路穩宜頻到，此外不堪行。

——虞美人——

春花秋葉何時了？往事知多少。小樓昨夜又東風，故國不堪回首月明中！
雕闌玉砌依然在，只是朱顏改。問君能有幾多愁？恰似一江春水向東流。

長相思

雲一緺，玉一梭，澹澹衫兒薄薄羅，輕顰雙黛螺。
秋風多，雨相和，簾外芭蕉三兩窠。夜長人奈何！

望江南

多少恨，昨夜夢魂中：還似舊時游上苑，車如流水馬如龍，花月正春風！
多少淚，斷臉復橫頤。心事莫將和淚說，鳳笙休向淚時吹；腸斷更無疑！

菩薩蠻

花明月黯籠輕霧，今霄好向郎邊去！剗襪步香堦，手提金縷鞋。
畫堂南畔見，一向偎人顫。奴爲出來難，教郎恣意憐。

*

蓬萊院閉天台女，畫堂晝寢人無語。拋枕翠雲光，繡衣聞異香。
潛來珠瑣動，驚覺銀屏夢。臉慢笑盈盈，相看無限情！

*

銅簧韻脆鏘寒竹，新聲慢奏移纖玉。眼色暗相鉤，秋波橫欲流。
雨雲深繡戶，未便諧衷素。讌罷又成空，魂迷春夢中！

——玉樓春——

晚妝初了明肌雪，春殿嬪娥魚貫列。笙簫吹斷水雲間，重按霓裳歌遍徹。
臨春誰更飄香屑？醉拍闌干情味切。歸時休放燭花紅，待踏馬蹄清夜月。

——浣溪沙——

紅日已高三丈透，金爐次第添香獸，紅錦地衣隨步皺。
佳人舞點金釵溜，酒惡時拈花蕊齅。別殿遙聞簫鼓奏。

——破陣子——

四十年來家國，三千里地山河；鳳閣龍樓連霄漢，玉樹瓊枝作煙蘿。幾曾識干戈？
一旦歸爲臣虜，沈腰潘鬢消磨。最是倉皇辭廟日，教坊猶奏別離歌，垂淚對宮娥。

——子夜歌——

人生愁恨何能免？銷魂獨我情何限！故國夢重歸，覺來雙淚垂！
高樓誰與上？長記秋晴望。往事已成空，還如一夢中。

——烏夜啼——

林花謝了春紅，太匆匆！無奈朝來寒雨晚來風。
胭脂淚，留人醉，幾時重？自是人生長恨水長東。

——搗練子令——

深院靜，小庭空，斷續寒砧斷續風。
無奈夜長人不寐，數聲和月到簾櫳！

——漁父——

浪花有意千重雪，桃李無言一隊春。
一壺酒，一竿身，世上如儂有幾人。

*

一櫂春風一葉舟，一綸繭縷一輕鉤。
花滿渚，酒滿甌，萬頃波中得自由。

——烏夜啼——

無言獨上西樓，月如鉤。寂寞梧桐深院鎖清秋。
剪不斷，理還亂，是離愁。別是一般滋味在心頭！

——阮郎歸——

東風吹水日銜山，春來長是閑。落花狼籍酒闌珊，笙歌醉夢間。
佩聲悄，晚妝殘，憑誰整翠鬟？留連光景惜朱顏，黃昏獨倚闌。

——謝新恩——

秦樓不見吹簫女，空餘上苑風光。粉英金蕊自低昂。東風惱我，纔發一衿香。
瓊窗夢口留殘日，當年得恨何長！碧闌干外映垂楊。暫時相見，如夢懶思量。

＊

櫻花落盡階前月，象牀愁倚薰籠。遠似去年今日恨還同。
雙鬟不整雲憔悴，淚沾紅抹胸。何處相思苦？紗窗醉夢中。

＊

庭空客散人歸後，畫堂半掩珠簾。林風淅淅夜猒猒。
小樓新月，回首自纖纖。

春光鎮在人空老，新愁往恨何窮！
金窗力困起還慵，一聲羌笛，驚起醉怡容。

*

櫻桃落盡春將困，秋千架下歸時。漏暗斜月遲遲在花枝。
徹曉紗窗下，待來君不知。

*

冉冉秋光留不住，滿階紅葉暮。又是過重陽，臺榭登臨處。茱萸香墜，紫菊氣，飄
庭戶，晚煙籠細雨。嗈嗈新雁咽寒聲，愁恨年年長相似。

清平樂

別來春半，觸目柔腸斷。砌下落梅如雪亂，拂了一身還滿。
雁來音信無憑，路遙歸夢難成。離恨恰如春草，更行更遠還生。

望江梅

閒夢遠，南國正芳春：船上管絃江面淥，滿城飛絮輥輕塵。忙殺看花人！
閒夢遠，南國正清秋：千里江山寒色遠，蘆花深處泊孤舟。笛在月明樓。

——臨江仙——

櫻桃落盡春歸去，蝶飜金粉雙飛，子規啼月小樓西。畫簾珠箔，惆悵卷金泥。門巷寂寥人去後，望殘煙草低迷。爐香閒裊鳳凰兒。空持羅帶，回首恨依依！

——浪淘沙——

簾外雨潺潺，春意闌珊，羅衾不耐五更寒。夢裏不知身是客，一餉貪歡。獨自莫憑闌！無限江山，別時容易見時難。流水落花春去也，天上人間！

*

往事只堪哀！對景難排。秋風庭院蘚侵堦。一任珠簾閒不捲，終日誰來？金瑣已沉埋，壯氣蒿萊！晚涼天淨月華開。想得玉樓瑤殿影，空照秦淮。

——虞美人——

風迴小院庭蕪綠，柳眼春相續。憑闌半日獨無言，依舊竹聲新月似當年。
笙歌未散尊前在，池面冰初解。燭明香暗畫樓深，滿鬢清霜殘雪思難任。

李後主事件簿

他死一次，活了千年

看世界的方法 214

作者	蔡詩萍
封面設計	兒日
內頁設計	吳佳璘
內頁排版	華漢電腦排版有限公司
責任編輯	魏于婷
董事長	林明燕
副董事長	林良珀
藝術總監	黃寶萍
執行顧問	謝恩仁
社長	許悔之
總編輯	林煜幃
副總編輯	施彥如
美術主編	吳佳璘
主編	魏于婷
行政助理	陳芃妤
策略顧問	黃惠美・郭旭原・郭思敏・郭孟君
顧問	張佳雯・施昇輝・林子敬・謝恩仁・林志隆
法律顧問	國際通商法律事務所／邵瓊慧律師
出版	有鹿文化事業有限公司
地址	台北市大安區信義路三段106號10樓之4
電話	02-2700-8388
傳真	02-2700-8178
網址	http://www.uniqueroute.com
電子信箱	service@uniqueroute.com
製版印刷	沐春行銷創意有限公司
總經銷	紅螞蟻圖書有限公司
地址	台北市內湖區舊宗路二段121巷19號
電話	02-2795-3656
傳真	02-2795-4100
網址	http://www.e-redant.com

國家圖書館出版品預行編目（CIP）資料

李後主事件簿：他死一次，活了千年 / 蔡詩萍
著. -- 初版. -- 臺北市：有鹿文化, 2022.09
面； 公分. --（看世界的方法 ; 214）
ISBN 978-626-96162-8-2（平裝）

624.9　　111013008

ISBN：978-626-96162-8-2
EISBN：978-626-96552-0-5
初版一刷：2022年9月
初版三刷：2022年12月5日

定價：400元